나의 북한 문화유산답사기

상

평양의 날은 개었습니다

유홍준 지음

중앙 M&B

나의 북한 문화유산답사기 ㊖

초판 1쇄 / 1998년 10월 19일
초판 17쇄 / 2001년 2월 5일

지은이 / 유홍준
펴낸이 / 유승삼
편집인 / 이헌상
기획 · 진행 / 박덕건
표지 디자인 / 박영선
본문 디자인 / 디자인 붐
인쇄 / 삼성인쇄주식회사

펴낸 곳 / 중앙M&B
펴낸 곳의 주소 / 서울시 서대문구 중구 순화동 2-6 중앙문화센터빌딩 9층
편집팀 전화 / 2000-6061
판매팀 전화 / 2000-6207
등록 / 1997년 4월 28일(제13-499호)
값 9,000원

ⓒ유홍준, 1998

ISBN 89-8375-180-0

* 잘못된 책은 바꾸어 드립니다.

나의 북한문화유산답사기 ⑤

차 례

읽어두기

1. 이 책에 실린 사진 가운데 별도 표시가 없는 것은 모두
   방북 답사단의 일원이었던 김형수 기자가 찍은 것입니다.
   그외 **자** 표시가 있는 것은 북한에서 발행한
   『조선유적유물도감』의 사진이고, **유** 표시가 있는 것은
   지은이가 찍은 것입니다.
2. 방북 답사의 분위기를 살린다는 의미에서 북한 말이나
   용어들은 최대한 북한식 어법을 존중해서 썼습니다.

"평양의 날은 개었습니다"

방북 허가증을 받기까지

솔직히 말해서 나의 북한 답사길이 이렇게 빨리 열릴 줄은 몰랐다. 내가 북한 답사의 희망을 처음 말한 것은 『나의 문화유산답사기』 첫째 권을 내고 어느 시사주간지와 가진 인터뷰에서였으니까, 1993년 6월의 일이다. 이듬해에 둘째 권을 내면서는 아예 서문에 그런 뜻을 밝혀두었다. 다만 그때는 국토박물관의 온전한 답사를 위해서 북한의 문화유산까지 다루어야 한다는 당위성과 희망을 말했을 뿐이지 어떤 전망이나 준비가 따로 있었던 것은 아니었다. 또 당시 상황에서는 이런 엄청난 일이 성사되리라고 기대하는 사람도 없었다.

하지만 나는 정말로 북한의 문화유산을 답사하고 그것을 글로 남기고 싶었다. 지난 50년 동안의 남북관계를 보면 남북한이 상호교류·협력에 관해서는 이미 합의해놓고서도 여러 이유로 인하여 좀처럼 물꼬를 트지 못했다. 경제적으로 풀리면 정치적으로 꼬였고, 그 반대의

북한 비자
북한의 비자는 여권에 별도 용지로 끼워넣고
귀국할 때는 반납하게 되어 있다. 연도 표기가
주체 86(1997년)으로 씌어 있다.

경우도 있었다. 남북 당사자들이 합의하려고 하면 주변 강대국들이 제동을 걸었고, 또 그 반대 현상도 일어났다.

이처럼 남북관계의 개선이란 눈앞의 경제적인 이익이나 정치적인 논리의 당위성만으로는 결코 쉽게 풀리지 않음을 무수히 경험했을 뿐이다. 그래서 남북 화해를 위해서는 오히려 가시적인 이해관계는 전무하지만, 민족의 동질성을 확인할 수 있는 문화교류부터 하는 것이 정도(正道)요 지름길이라는 생각을 많은 사람들이 하게 되었다. 그런 문화교류의 일환으로 북한의 문화유산 답사기를 쓸 수만 있다면 남북교류의 물꼬를 트면서 동시에 민족적·역사적인 동질성을 확보하는 데 한몫 할 수 있겠다는 것이 내 희망이었다.

그리고 세월은 빨리 변하고 있었다. 알게 모르게 북한을 왕래하는 기업인들이 있었고 원자로 문제, 식량 문제로 내놓고 드나드는 인사도 있음이 언론을 통해 하나씩 공개되었다. 이미 왕래는 기정사실인 셈이

홍석현 사장과 함께
방북 답사가 결정될 무렵의 어느 날 진주성에서 만나 답사기의 형식을 논의하고 있는 홍석현 중앙일보 사장과 나. 유

었다. 그렇다면 나의 북한 문화유산 답사도 어쩌면 빨리 이루어질 수 있을지 모른다는 엷은 기대가 생기기 시작했다.

하지만 나는 어떻게 해야 북한에 갈 수 있는지 몰랐다. 그냥 통일원에 방북 신청서를 내면 혹시 보내주지 않을까 소박하게 생각해보기도 했다. 그러나 북측의 초청장이 반드시 필요하다는 것을 알고는 절망했다. 내게는 그런 채널이 없기 때문이었다. 그래도 나는 희망을 버리지 않고 되든 안되든 민예총(民藝總)을 통하여, 그리고 개인적으로 가까운 박형규(朴炯圭) 목사님을 통해 내가 방북할 수 있도록 다리를 놓아달라고 부탁했다. 그리고는 까맣게 잊고 살았다.

그러던 1995년 봄 어느 날, 중앙일보사 홍석현(洪錫炫) 사장과 『나의 문화유산답사기』 후편의 신문 연재에 관해 논의하게 되었을 때 내가 북한 문화유산 답사기를 쓰고 싶다는 희망을 밝히자 홍사장은 어떤 식으로 성사되든 그 글은 『중앙일보』에 연재하자고 약속했다. 나중에 어렴풋이 짐작하게 된 사실이지만, 그때 이미 중앙일보사 통일문화연구소에서는 방북 취재를 위해 나를 방북팀에 합류시키는 것까지 포함하여 다각도로 준비하던 중이었다.

이후 나의 북한 답사는 점점 실현될 듯한 기미가 보이기 시작했다. 뜬소문까지 포함하여, 잊을 만하면 북한 답사 얘기가 나왔다. 그러나 그때마다 언제나 아무런 결론도 없이 흐지부지되었다. 그러다 보니 북한 답사는 가야 가는 것이지 예측할 수 있는 게 아니라는 생각이 굳어져버렸다.

그러던 1997년 6월 중앙일보사는 마침내 방북 초청장을 정말로 받아왔다. 초청자는 '로동당' 대남비서 김용순이 위원장으로 있는 '조선아세아 태평양 평화위원회'였다. 중앙일보사는 통일문화연구소의 권영빈(權寧彬) 소장을 단장으로 하고 유영구(俞英九) 연구팀장, 사진부의 김형수(金炯洙) 차장 그리고 나, 4명으로 방북조사단을 구성했다. 우리는 통일원의 통일교육원에 가서 방북에 따른 안보교육을 마치고 마침내는 방북 허가증을 교부받았다. 그때 통일원 관계자는 우리에게 인상깊게 이런 말을 하였다.

"여러분은 원하든 원하지 않든 분단 50년사에서 북한을 최초로 증언하는 사람이 되었습니다."

우리는 7월 8일에 베이징을 통해 평양에 들어가기로 되어 있었다. 그러나 출국 며칠 전에 나는 무엇이 어떻게 잘못되었는지도 모르는 가운데 계획이 무산되었다.

그리고 두 달이 말없이 지났다. 그뒤 역시 무엇이 어떻게 되었는지 모르는 채 다시 방북 일정이 잡혔다. 이번에는 진짜 가는 것 같았다. 9월 21일 나는 중앙일보 팀과 함께 평양으로 가기 위해 베이징을 향해 떠났다. 그러나 출발에 임해서도 그저 무덤덤할 뿐, 평양행 비행기를 타기 전까지는 내가 북한에 간다는 것을 믿을 수 없는 심정이었다.

이튿날 베이징 주재 북한대사관에서 우리는 입국비자를 받았고, 이를 곧바로 베이징 주재 한국대사관에 신고한 다음 9월 23일 12시발 평양행 고려항공 비행기표를 손에 쥐었다. 그것이 이후 열이틀간에 걸친 나의 첫 북한 문화유산 답사의 시작이었다.

"리용객 여러분을 럴렬히 환영합니다"

이 얼마나 감격스러운 일인가. 얼마나 큰 행운이고 얼마나 큰 영광인가. 내 칠자인지 팔자인지에 이런 특혜가 있으리라고는 생각조차 못해봤다. 북한 문화유산 답사기란 그저 해본 소리였는데 진짜로 내일 평양에 들어가게 된 것이다.

베이징호텔에서의 그날 밤, 나는 실감할 수 없는 이 사실 때문에 잠을 이룰 수 없었다. 부모님과 집사람은 나의 방북을 불안하게 생각하여 집에서는 말도 제대로 꺼내지 못했고, 보안이 필요하다고 해서 떠나기 직전 몇몇 친구에게만 은밀히 말해두었을 뿐이었다. 누구와도 터놓고 얘기도 못했기 때문에 더욱 마음이 들떠 있었던 것 같았다. 예비동작과 예고편은 그래서 필요한 것인가 보다. 나는 마음을 다스리기 위해 전화기를 잡고 경기도 안성의 고은(高銀) 선생께 국제전화를 걸었다.

내가 고은 선생께 전화를 건 이유는 평소 가까이 모시기도 했지만 당신이야말로 통일의 염원을 안고 북녘의 산하를 노래하고 싶어하는 분임을 잘 알기 때문이었다. 오죽했으면 가보지도 않은 백두산을 일곱 권의 시집으로 읊으셨을까. 그런 고은 선생께 알리면 나의 장도를 진심으로 축하해주며 크게 격려해주실 것만 같아 의지가지 삼아 전화를 한 것이다.

방북 답사단 4인

평양행 고려항공을 타기 위해 베이징공항에 도착한 중앙일보사 통일문화연구소 제1차 방북단 일행. 왼쪽부터 나, 권영빈 소장, 유영구 팀장, 김형수 차장.

"선생님, 제가 내일 평양에 가요."

"뭐야! 그게 정말이냐? 야! 그건 시(詩)다. 시도 그런 시는 없다."

예상대로 고은 선생은 나의 방북을 축하하고 그것의 역사적 의의와 미래의 파장을 예측하며 건강하게 그리고 신중하게 다녀오라고 당부했다. 그렇게 누군가와 현실을 공유하고 나니 뭔가 맺혀 있던 것이 풀린 기분이 들었다. 그래도 내 가슴에는 아직 아무런 실감도 일어나지 않았고, 그런 상태에서 잠이 들었다.

1997년 9월 23일 아침 7시, 아침식사를 하러 호텔 식당에 갔을 때 뜻밖에도 한국기독교교회협의회 총무이신 김동완 목사를 만났다. 1970년대 유신시절에 왔다갔다하다가 영등포에서 함께 지낸 적이 있는 사이인지라 뜨겁게 인사를 나누었다. 어떻게 여기에 왔느냐는 물음에 나는 낮은 목소리로 대답했고 김동완 목사도 귀엣말로 대답했다.

"목사님, 저 오늘 평양에 들어가요."

"그래? 나두."

김동완 목사는 선교차 방북하는 길이었다. 그러나 우리는 무슨 못된 일을 하는 것도 아니면서 서로 모르는 척하기로 하고 헤어졌다. 이 얼마나 우스꽝스럽고 슬픈 얘기인가. 여행길에 반가운 선배를 만나고도 모르는 척해야 하다니.

아침식사 후 서둘러 베이징공항에 가 고려항공 부스에서 좌석을 배정받았다. 짐을 부치기 위해 줄을 서면서 나는 처음으로 북한 사람들을 볼 수 있었다. 혹시 안내원 아가씨와 눈길이 마주치면 인사라도 건네려고 마음의 준비를 다했건만, 커다란 레닌모를 눌러쓴 매표원은 어진 눈빛에 맑은 미소를 띠고 있으면서도 내게는 끝내 눈길을 주지 않았다.

고려항공 탑승구는 13번 출구로 나와 아래층 대합실로 내려가게 되어 있었다. 일찍 온다고 왔는데도 벌써 대합실에는 탑승객들이 많이 기다리고 있었다. 북한 사람들이 대부분이었지만 유럽 사람도 여럿 보였다. 나는 곁눈으로 사람들을 살폈다.

꽃다발을 든 소녀는 국제전에서 상을 탄 운동선수처럼 보였고, 세련된 가죽가방에 회색 체크무늬 양복을 입고 있는 사람은 사업가로 보였으며, 옛날 의사 왕진가방 같은 것을 들고 챙이 짧은 모자를 쓰고 있는 신사는 학자풍이기는 했지만 어딘지 관료적인 분위기를 풍겼다. 그들을 보면서 나는 지금 평양으로 가고 있다는 것을 비로소 실감했다. 대합실에 감도는 어딘지 긴장되고, 어딘지 영화 촬영세트 같은 분위기에 나는 가슴이 설레었다. 마치 아는 이라고는 하나도 없건만 그래도 말로는 들어온 고향인지라 거기를 찾아가는 실향민의 기대 반, 근심 반의 설렘 같은 것이 내게 있었다.

얼마 뒤 대합실에 탑승 안내방송이 나왔다. 우리는 북한 사람들 사이에 끼여 줄을 서고 그들과 함께 비행기 사다리를 올랐다. 좌석번호를 찾아 자리에 앉아 '걸상띠(안전띠)'를 매고서 잠시 눈을 감고 마음을 다스리고자 하니, 긴장인지 흥분인지 감격인지 내 숨소리를 내 귀로 역력히 들을 수 있었다.

일행 모두가 저마다의 감회에 젖어 아무 말 없이 혹은 창밖을 보고, 혹은 망연히 앞을 보고, 혹은 승무원이 가져다준 오늘치 『로동신문』을 보고 있었다. 나는 걸상 앞주머니에 꽂혀 있는 『관광 평양』이라는 안내 책자를 꺼내 건성으로 읽고 있는데, 고음의 맑은 목소리를 가진 여자승무원이 힘찬 평양말씨로 안내방송을 했다.

"JS 152 승무원은 리용객 여러분을 렬렬히 환영합니다. 평양까지 비행거리는 1천㎞, 비행시간은 1시간 30분을 예견합니다. 승무원의 방조(도움)가 필요하신 분은 머리 위의 금단추를 눌러주십시오."

그리고 비행기는 활주로를 향해 서서히 움직이기 시작했다. 그제서야 나는 평양으로 가고 있음을 실감할 수 있었다. 나는 이 꿈 같은 현실을 확인하고 싶어 나의 넓적다리를 아프도록 꼬집어 비틀어보았다.

안내방송이 끝나자마자 분홍빛 얼굴 화장에서 화사한 향토색이 느껴지는 미모의 승무원이 쟁반에 한 움큼의 사탕을 들고 와 권한다. 나는 '사과사탕'과 '기름과자'를 하나씩 집어들었다. 과자는 얇은 셀로판지에 싸여 있고, 사탕은 흰 밀가루에 버무려져 있다. 내 어릴 때 먹던 바로 그 사탕, 그 과자였다.

이내 프로펠러가 굉음을 내며 돌아가더니 우리 비행기는 하늘로 날아올랐다. 비행기가 수평을 잡고 편안히 날아가자 창밖으로는 황해 바다가 보이기 시작했다. 우리는 그렇게 평양으로 날아가고 있었다.

고려항공 여승무원
분홍빛 분화장을 엷게 하여 순정미가 넘쳐 흐른다. 문화유산 답사 얘기가 나오자 자기 고향인 사리원 성
불사에 꼭 가보라고 고향 사랑과 자랑을 늘어놓았다.

여승무원의 고향 사랑

12시 비행기인지라 기내에서 점심식사가 나왔다. '곽밥(도시락)'에 간단한 디저트가 곁들여 있는 것이 여느 비행기 음식과 마찬가지였다. 그런데 밥이건 빵이건 기름기가 적고 반찬에는 조미료가 들어 있지 않은 것을 단박에 느낄 수 있었다. 윤기와 부(富)티를 즐기는 사람에게는 이 모든 게 궁기(窮氣)로 보였을 것이고 천연스러움을 찾는 사람에게는 순진무구로 비쳤을 것이다. 이런 음식의 감각은 북한에 체류하는 열이틀 동안 생활문화 곳곳에서 느끼게 된 북한의 보편적인 인상이기도 했다.

식사를 하고 나니 마음이 많이 풀어졌다. 잠깐 동안이지만 승무원이 너댓 번을 오가면서 사탕도 주고, 신문도 주고, 곽밥도 주고, 식사 후에는 치워주고, 음료로 오미자 단물도 따라주고 하니 분단 50년 만의 초행길에 어쩔 수 없이 어린애 낯가리듯했던 쑥스러움이 싹 가시었다.

나는 용기를 내어 남한에서 왔다고 소개하고서 말문을 열었다.

"혹시 남조선 손님을 보신 적 있나요?"

그러자 복숭앗빛으로 엷게 분화장한 이름 모르는 승무원이 정말 곱고 애교있는 말씨로 아주 맵시있게 대답했다.

"요즘은 케도(KEDO)에 많이 오십니다……. 어떤 일로 오셨나요?"
"북조선의 문화유산을 남한에 소개하려고 왔습니다."
"그렇습니까? 이야! 이거야 정말 좋은 일로 오셨습니다. 그러면 반드시 정방산(正方山) 성불사(成佛寺)에 가보십시오. 성불사는 북조선에서 할아버지 절이라고 합니다. 가장 오래된 건물이 있답니다. 성불사에는 또 우물이 셋 있단 말입니다. 남자중 샘물, 여자중 샘물, 아기중 샘물입니다. 그 중에서 여자중 샘물이 가장 맛있단 말입니다."

상기된 얼굴에 열띤 목소리로 '입니다'와 '말입니다'라는 어미를 리듬있게 억양을 넣어 말하는 모습에 나는 잠시 넋을 잃고 있다가 얼떨결에 말장단을 맞춘다는 것이 엇박자로 나갔다.

"그런데 왜 꼭 성불사에 가보라고 합니까?"

뜻밖에 사무적으로 나온 것에 조금은 당황했는지, 승무원은 복숭앗빛 얼굴을 천도복숭앗빛으로 붉히면서 나직이 대답했다.

"거기가 제 고향이거든요."

　그때 나는 내게도 저렇게 티없이 맑은 순정이 있었던가를 속으로 되물어보았다. 이 북녀(北女)의 고향 사랑은 나에게 북한의 아름다운 첫인상으로 각인되어 그동안 굳어 있던 나의 가슴을 남김없이 풀어주고 좀처럼 가시지 않던 일말의 불안감을 말끔히 씻어주었다. 그리고 이후 나의 북한 답사길에 행운이 있을 것이라는 희망을 갖게 하였다.
　그러는 동안 다시 안내방송이 나왔다.

　"우리 비행기가 강하(降下)를 시작했습니다. 모두 걸상띠를 다시 매어야겠습니다. 우리는 15분 뒤 평양 순안(順安)비행장에 도착하겠습니다. 평양의 기온은 20도, 날은 개었습니다."

　그날 평양의 날씨는 정말 맑게 개어 있었고, 가을 하늘이 유난히도 높고 푸르러 보였다.

서쪽 창가의 미루나무 한 그루

서재동 초대소

우리의 숙소는 평양 시내 서북쪽 보통강 기차역 가까이 있는 서재동 초대소(招待所)로 정해져 있었다. 초대소가 고려호텔·양강호텔·보통강호텔 같은 관광호텔과 급수가 어떻게 다른지 정확히 간취하지는 못했지만 내게는 최고급 영빈관으로 느껴졌다.

삼태기 모양의 포근한 구릉에 25채의 단독 건물이 저마다 언덕에 기대고서 자연스럽게 편안히 자리잡고 있었다. 그 한가운데에 있는 현대식 건축의 본관 건물에는 강당·연회장·극장·세미나실·이발소 등 복합 서비스 공간이 모여 있어 권위와 무게를 잡고 있었다. 이 초대소는 내가 한번도 들어가본 적은 없지만 서울 사간동에 있는 미국대사관 숙소와 비슷한 분위기로 느껴졌다.

우리 숙소는 정문 가까이에 있는 24동 건물에 배정되었다. 우리가 묵은 건물은 베란다가 있는 2층 양옥으로 건평은 70평 남짓 되어 보였

객실 전경
여느 호텔방과 다름없는 침대방이지만 베란다가 있어서 곧잘 거기에 나가 앉아 있곤 했다.

다. 1층에는 응접실, 식당, 주방, 요리사 숙소 그리고 집필실이 있고 2
층에는 침실이 셋 있는데, 방마다 10평 남짓한 크기로 침대·목욕탕·
냉장고·옷장·텔레비전 등이 있어 숙박시설로는 부족함이 없었다.
그 분위기는 내가 꼭 한 번 구경해본 적이 있는 쉐라톤 워커힐의 더글
러스 하우스 같은 단독 빌라와 비슷했다.

　2층 내 방에서는 초대소 전체가 넓게 조망되었다. 본관 건물과 마주
한 남쪽 창은 운치가 적어 항시 커튼으로 닫아두고 길 건너 건물이 멀
찍이 내다보이는 서쪽 창은 늘 열어두고 지냈다. 본래 서향으로 난 창
은 기능은 약해도 무드가 좋은 법이라고 했다. 낮에 답사 다니고 해 질
무렵 방에 들어오면 언제나 라흐마니노프의 피아노 협주곡이나 드보
르작의 현악 사중주곡 같은 은은한 선율이 흐르는 듯한 명상적이면서
도 엷은 애조를 띠고 있었다.

3등 요리사 박인해군

우리 집 전속 요리사 박인해 동무는 천진하기 그지없는 더벅머리 23세 총각이었다. 우리
는 가끔 숙소 앞 미루나무 아래에서 정다운 얘기를 나누곤 했다.

그래서 답사에서 일찍 돌아오는 날이면 라디오를 틀어보곤 했다. 한 번은 왕재산 전자악단의 연주곡으로 영화 「월미도」의 주제곡이 나오는데 가녀린 애조를 띠어 가슴 저미며 듣기도 했다. 어느 날은 라디오를 틀자 교향악 연주가 중간 토막에 걸려 나오는데, 곡은 생소하지만 쇼스타코비치 풍으로 곡조가 드라마틱하고 타악기가 많이 연주되는 아주 격정적인 음악이었다. 곡이 끝나자 아나운서가 예의 힘찬 목소리로 곡명을 말해주는데, 나는 깜짝 놀라 나도 모르게 라디오를 끄고 말았다.

"지금까지 여러분께서 들으신 음악은 교향악 「미제의 숨통을 끊어라」였습니다."

베란다에는 나무 걸상이 하나 놓여 있었다. 거기에 앉으면 우리 건물을 훌쩍 넘어선 키 큰 미루나무가 나와 마주하게 된다. 그 나무는 크기나 생김새가 내가 다닌 국민학교 교정에 있던 것과 너무도 흡사하여 처음 대하는 순간부터 낯설지 않았고 떠날 때쯤에는 정이 무척 깊이 들었다. 사람의 정이란 이처럼 말없는 식물이나 무생물과도 교감하고, 낯익은 것이 반가운 것은 사람만이 아님을 그때 알았다.

초대소의 각 건물에는 요리사와 청소원이 배속되어 있었다. 우리 요리사는 미소가 천진하기 그지없는 떠꺼머리 총각인 박인해(朴仁海, 23세)군이었고, 청소원은 부끄러움을 많이 타 우리만 보면 언제나 멀리 포물선을 그리며 피해다니는 복스럽게 생긴 아가씨였다. 그래서 나는 속으로 복순이라고 생각했고, 또 우리끼리는 그렇게 통했다.

나는 특히 인해 동무와 일찍부터 정이 깊이 들었다. 본래 인간은 동물이고 모든 동물은 먹이를 주는 이와 가까워지는 것이 자연 생리이지만, 특히 나는 그의 천진함을 좋아했고 그는 나의 스스럼없이 대하는 소탈함을 좋아했던 것 같다. 그래서 나는 그에게 서슴없이 많은 것을 부탁했다. CD와 테이프도 빌려서 들었고 다리미질도 해달라고 했다. 그리고 어느 날은 내 방에 비디오를 설치해달라고 부탁하고는 답사를 다녀와 확인하는데, 그의 천진한 얼굴에 천진한 목소리에 천진한 단어들이 얼마나 잘 어울리는지 놀랍고도 즐거웠다.

"인해 동무, 비디오 설치했습니까?"
"교수 선생(그들은 나를 꼭 이렇게 불렀다) 방에 했습니다."
"어떻게 해야 켜집니까?"
"켜짐을 누르면 켜집니다."
"어떻게 해야 꺼집니까?"
"꺼짐을 누르면 꺼집니다."
"테이프는 어떻게 넣습니까?"
"넣음에 넣으면 됩니다."
"아, 그렇군요. 아주 쉽습니다."
"그렇지만 교수 선생, 오통로에 맞춰야 합니다."
"오통로라니?"
"거 뭐라고 하나…… 5번에 맞추십시오."
"아, 아, 채널 5! 알았습니다."

이후 서울집에 돌아와서 나는 텔레비전을 켤 때면 KBS는 9통로, MBC는 11통로라고 바꾸어 부르면서 "여보, 구통로 좀 켜봐요" 하고 말하곤 했다. 처음에는 어색하고 우습고 재미있더니, 이제는 일상용어가 되어 채널이 더 낯설고 거북한 단어가 되어간다. 나는 이런 식으로 우리말 생활용어를 인해 동무에게 많이 배워왔다.

답사단 양측 4쌍

우리의 답사에 동행하는 북측 안내단은 4명으로 구성되었다. 조선 아세아 태평양 평화위원회의 안창복(安昌福, 49세) 참사가 단장격이 었고 조명남(趙明男, 35세)·라운석(羅雲石, 35세) 조사원이 실무를 챙겨주었으며, 조선중앙력사박물관의 리정남(李定男, 48세) 연구사가 유적 안내를 맡았다. 결국 우리측 4명과 상대역을 이루어 권영빈 단장 과 안창복 참사가 한 짝, 조명남 조사원과 유영구 연구팀장이 한 짝, 라운석 조사원과 김형수 차장이 한 짝, 그리고 리정남 연구사는 나와 한 짝이 되었다.

답사에는 벤츠 승용차 한 대와 18인승 소형버스가 나왔는데, 결국 짝끼리 앉느라고 나는 늘 소형버스 맨 뒤에 리정남 연구사와 앉아 다 녔다. 안창복 단장은 그게 좀 마음에 걸렸는지 수시로 벤츠를 같이 타 자고 했지만 나는 남쪽에서 하던 내 가락에 맞추려면 버스 뒷자리가 좋다며 매번 사양했다. 다만 딱 한 번 호기심에서 타봤는데, 벤츠가 좋 긴 좋은 차였다. 그런데 그 다음날 다시 버스를 타니까 그전까지 아무 불편을 못 느끼던 버스 뒷자리가 왜 그렇게 딱딱하고 요동을 치는지 다시 길이 들 때까지는 시간이 한참 걸렸다. 역시 벤츠 같은 차는 타려 면 계속 타야지 잠깐 탈 것은 못된다는 중요한 사실을 알았다.

일행마다 그렇게 짝이 있었지만 그들은 모두 단숨에 나의 벗이 되었 다. 다른 일행들과 달리 나는 만난 그 이튿날부터 마치 10년 전부터 아 는 사이처럼 지냈다.

우선 호칭부터 그들이 부르는 것을 약간 변형시켜 부르기 좋고 듣기 좋게 만들어 불렀다. 안창복 참사는 고향이 용강(龍岡)인 것에 큰 자부 심이 있는 듯해 용강 선생이라고 부르니 퍽 좋아했고, 리정남 연구사 는 학자풍이 강하여 그냥 리선생이라고 불렀다. 성격이 밝고 명랑한 라운석씨는 그들식으로 운석 동무라고 부르며 편하게 농담하며 지냈

다. 그런데 조명남 조사원은 아주 정확한 실무형으로 농담을 하는 일
이 없었다. 아무리 기회를 엿보아도 좀처럼 곁을 주지 않아, 할 수 없
이 서울식으로 조명남씨라고 불렀다.

그리고 장소에 따라, 상황에 따라, 혹은 재담(才談)으로, 혹은 진지
하게, 혹은 문화유산의 소견을 묻고, 혹은 육담(肉談)과 옛날얘기를 나
누면서 그들의 생활감각과 생활상을 구체적으로 이해하고자 했다. 사
람들은 나의 이러한 탁월한 적응력과 놀라운 친화력에 모두 감탄했지
만, 그런 나를 평하여 '외교적 수완이 능하다'고 칭찬하는 사람은 없
었고, 죄다 숫기 좋고 넉살 좋다며 마치 시골 동네 누렁이과(科) 인생
으로 보는 듯했다. 그 바람에 가뜩이나 의문시되던 내 인품은 완벽하
게 망가졌다. 그 대신 나는 그들이 일상생활에서 어떻게 감성적으로
반응하는가를 거짓 없이 잡아낼 수 있었고, 그 덕에 북한 답사기를 쓰
면서 사람의 살냄새를 전해줄 수 있는 일화를 많이 건질 수 있었다.

가슴 설렌 첫 동석모임

우리는 먼저 첫 실무모임을 갖고 12일간의 답사일정부터 확인했다.
처음 4일간은 대동강·모란봉 일대의 평양성(平壤城)과 동쪽 교외의
고조선·고구려 유적을 답사하고, 중간 4일간은 묘향산을 답사한 다
음, 나중 4일간은 평양 서쪽의 조선시대 유적과 강서 구역의 고구려
고분 벽화 내부까지 들어가기로 준비되었다고 했다. 그러면서 용강 선
생이 큰 소리로 이렇게 말했다.

"방향적으로 말하여, 유적유물을 학술적으로 조사하고 과학적으
로 해석할 수 있도록 최선·최대로 보장하겠습니다."

북한의 말은 이처럼 우리와 단어 사용법이 많이 달랐다. 순 한글용

어 못지 않게 한자어를 이용한 조어(造語)도 많았다. 특히 '적(的)'이라는 접미사가 많이 사용되었는데, 그 중에서도 '방향적으로 말한다'는 표현이 꽤 자주 쓰였다.

이날 초대소 식당에서는 첫 동석모임(회식)이 베풀어졌다. 우리가 평양에서 가진 첫번째 공식 석상이었던 만큼 약간은 엄숙한 분위기가 감돌았다. 남측 4인, 북측 4인의 굳게 다문 입에서는 아무 이야기도 나오지 않았지만 분단 50년 만에 어떤 협상이 아니라 친선교류로 만나는 첫번째 자리라는 감회와 무게가 느껴지고 있었던 것이다. 그것을 공식적으로 확인해준 것은 북측 안창복 단장의 환영 인사말이었다.

"우리가 이렇게 만나게 된 것은 해방 50년 만에 처음입니다. 신청은 좀 있었지만 허락은 처음입니다. 아마도 이 사업이 제대로 되면 사람들은 우리가 소리 없이 위대한 사업을 했다고 평가해줄 겁니다. 중앙일보사 통일문화연구소는 이 사업에 아주 좋은 종자(種子)를 제시하셨습니다. 문화유산은 민족의 동질성을 확보하는 가장 좋은 계기를 마련해줄 것입니다. 방향적으로 말해서, 교수 선생께 부탁드리겠습니다. 부디 민족통일에 도움이 되는 글을 써주십시오. 호상 화해가 시작되는 단초가 되는 글을 남겨주십시오. 사실 통일이 별거겠습니까. 이렇게 만나다 보면 통일이 자연 되는 것이죠."

순간 나는 망치로 뒷머리를 맞은 듯 아찔했다. 내 어깨에 지워지는 무게가 벌써 힘겹게 느껴지는 것이었다. 그런 상태에서 나는 아무런 준비도 없이 이 비장한 주문에 답해야만 했다. 나는 꼭 한마디만 했다.

"방향적으로 말해서, 나는 있는 대로 보고 느낀 대로 쓸 것입니다."

내 대답에 웃음과 박수가 함께 터져나왔고, 뒤이어 흰 가운을 입은 3등 요리사 인해 동무가 쟁반에 담아온 그릇을 상에 놓으면서 음식 이름을 일러준다.

"백두산 곰취나물국과 대동강 잉어회입니다."

비 개인 강가에는 녹음이 푸르른데

평양의 상징은 대동강 모란봉

평양의 첫 답사지로는 대동문(大同門)에서 시작하여 평양성(平壤城) 유적지를 두루 둘러보는 것으로 잡았다. 그것은 나의 강력한 요구이기도 했다.

역사 도시에는 반드시 그 도시를 상징하는 유적이 있는 법이다. 파르테논 신전을 보아야 아테네에 온 것 같고 에펠탑을 보기 전에는 파리에 온 것 같지 않음이 그것이다. 그렇게 따져볼 때 평양의 상징은 당연히 모란봉의 평양성 유적에 있다.

그러나 이것은 문화유산 답사라는 명분과 구실에서 그렇게 말하는 것일 뿐, 진실로 나의 가슴속에 있는 평양의 상징은 오히려 대동강이다. 대동강이 있기에 대동문·을밀대(乙密臺)가 의미있는 것이지 그 반대가 아니다. 공주의 공산성(公山城)보다도 공산성에서 바라보는 금강이 아름답고, 부여의 부소산성(扶蘇山城)보다도 낙화암에서 내려다

보는 백마강이 애잔하고 아련한 역사의 정취를 느끼게 해주듯 평양의
심장은 대동강이다. 또 평양 사람들의 삶과 서정은 남김없이 대동강에
실려왔다.

대동강을 노래한 예술인들

답사에 앞서 나는 당연히 평양의 인물들을 살펴보았다. 평양의 인재
가 어디 한둘이겠으며 백으로 헤아릴지 천으로 헤아릴지 모를 일이라

대동강
대동강은 여러 갈래로 흐르는 물이 다 같이 모여 큰 강을
이루어 클 대, 같을 동, 대동강이라는 이름을 얻었다.
높이 170m 주체탑에서 내려다본 대동강은 저 위쪽
상류부터 계속 S자를 그리며 굽이치고 있다.

고 생각했지만 막상 내가 알아낸 평양사람, 특히 평양 출신의 예술가
는 많지 않았다.

　지금 평양에서는 단군릉 발굴 이래로 단군조선의 왕검성(王儉城)을
부각시키고 있고, 역사에서는 고구려의 마지막 수도임을 강조하고 있
지만 나의 상식 속에, 그리고 가슴속에 남아 있는 평양 사람의 이야기
는 훨씬 후대의 모습들이다.

　시인이라면 누구든 고려시대 묘청(妙淸)의 난 때 김부식(金富軾,

1075~1151)에게 죽임을 당한 정지상(鄭知常, ?~1135)을 기억할 수 있겠지만, 서예가로는 추사와 동시대 인물로 기굉(奇宏)한 예서체(隷書體)의 서가(書家)였던 눌인(訥人) 조광진(曹匡振, 1772~1840), 화가로는 조선시대의 조세걸(曹世杰, 1635~?)과 양기훈(楊基勳, 1843~?)이 비록 이름을 얻었다지만 모두 일세의 대가는 아니었다. 오히려 근대의 문턱에서 일본 문부성(文部省) 전람회에서 특선하여 개화의 희망을 준 화가 김관호(金觀鎬, 1890~?)와 소설「배따라기」의 김동인(金東仁, 1900~51)이 평양의 자랑이 될 만하다.

이 정도가 평양의 인재라면 결코 많다고 할 수 없을 것이다. 그러나 나는 그 이상의 평양 사람을 잘 모르고 있었다. 이것은 조선시대 관서지방에 대한 혹심한 지역차별의 한 징표로 생각되기도 했다. 그래서 북한에서는 혹 사정이 어떤가 궁금하여 한번은 안내단장에게 물어보았다.

"용강 선생, 평양이 낳은 상징적인 인물이 누구일까요?"
"상징적 인물? 그거야 '위대한 수령님' 아닙니까. 만경대 고향집(生家)에도 가보실랍니까?"

그런데 내가 알고 있는 그 평양의 예술인들이 보여준 예술세계는 어떤 식으로든 모두 대동강을 노래하고 그린 것이다. 정지상의 대동강 이별노래「송우(送友)」, 조광진의 부벽루 현판 글씨, 뿐만 아니라 김관호가 특선한「해질녘」이라는 작품은 대동강변에서 미역감는 여인들을 그린 것이었고 김동인의「배따라기」는 대동강의 뱃노래이다. 그러니 평양 하면 더욱 대동강이며, 평양의 첫 답사는 당연히 거기부터 시작되는 것이다.

정지상의 이별노래 이야기

그날 공교롭게도 아침부터 부슬비가 내렸다. 첫날부터 궂은 날씨가 우리의 답사길 발목을 잡는 것이었다. 안내단장은 이것이 무슨 자기 잘못이나 되는 양 미안해 했다.

"어떡하실랍니까? 비가 짓궂게 오니."

"짓궂다뇨? 기다리고 기다리던 비가 남쪽에서 답사객이 오자마자 이렇게 때맞추어 내리니 얼마나 좋습니까?"

"좋기야 말할 수 없이 좋디요. 남새(채소)에는 단비이지만 답사는 망하지 않았습니까."

"망하다뇨? 날 좋은 때 모란봉 가기야 쉽겠지만 이렇게 부슬비 내리는 날 부벽루, 을밀대에 앉아 대동강을 내려다보는 운치야 어디 쉽겠습니까?"

"그렇게 생각해주시니 고맙습네다. 거, 교수 선생 낭만이 대단하외다. 하지만 비가 인차(곧) 걷힐 것도 같으니 오전에는 박물관을 보고 오후에 모란봉으로 갑시다."

그리하여 오전에 민속박물관을 천천히 둘러보고 점심은 그 유명한 평양냉면을 먹고 나니 용강 선생이 예견한 대로 날이 활짝 개었다. 한 차례 가을비에 목욕을 하고 난 평양 거리는 아주 맑았다.

넓디넓은 김일성광장에서 대동강을 끼고 왼쪽으로 돌아서자 강변에는 해묵은 버드나무 가로수가 짙게 그늘을 만들어 한낮인데도 어둠이 느껴진다. 문자 그대로 녹음(綠陰)이 장관인데 왠지 길이 눈에 익어 가만히 생각해보니, 텔레비전의「남북의 창」「북한은 지금」같은 프로그램에서 대동강변 풍경으로 비친 것이 대개 여기였음을 알 수 있었다.

버드나무 가로수의 강변 산책로는 정말 운치 있었다. 나는 속으로

버들길
대동강변과 보통강변에는 해묵은 버드나무가 늘어서 있다. 그래서 평양은 진작부터 유경(柳京)이라는 별칭을 얻었다. 내 옆에 있는 분이 밝은 성격의 라운석 조사원이다.

이래서 평양을 '버들 류(柳)' 자를 써서 '유경(柳京)'이라고 했구나 하는 생각을 했다. 그리고는 곧 정지상의 유명한 시 「벗을 보내며(送友)」의 '우헐장제초색다……'가 생각났다.

　　비 개인 긴 강둑에는 풀빛 더욱 푸르른데
　　남포로 님 보내는 노랫가락 구슬퍼라
　　대동강물은 어느 때나 마를 것인가
　　해마다 이별의 눈물만 푸른 물결에 더하네
　　雨歇長堤草色多 送君南浦動悲歌
　　大同江水何時盡 別淚年年添綠波

나는 이 천하의 절창(絶唱)을 더욱 현장감 있게 느끼고자 강둑으로
올라서서 대동강 푸른 물을 넓게 조망하였다. 정지상의 이 이별시에
대한 나의 인상은 각별하다. 누구나 젊었을 때 첫 기억이 생생하듯, 대
학 1학년 때 '동양예술서설(序說)' 시간에 돌아가신 김정록(金正祿)
교수가 가르쳐준 이 시와 시평들은 내 뇌리에 깊이 각인되었다. 김정
록 교수는 이 시를 칠판에 써놓고 마지막 구의 '첨녹파(添綠波)'는 본
래 '첨작파(添作波)'라고 쓴 것을 익재(益齋) 이제현(李齊賢, 1287~
1367)이 '첨(添)'과 '작(作)'은 동어반복이니 '첨녹파'로 해야 한다며
이렇게 고쳐놓았다는 것이다. 그러나 서거정(徐巨正, 1420~88)은 이
를 부정하여 이제현이 정지상의 좋은 글귀를 공연히 고쳐놓았다며 '첨
작파'가 좋다고 했는데, 훗날 김만중(金萬重, 1637~92)은 중국의 시
론까지 이끌어 또다시 '첨녹파'가 옳다고 주장했다는 것이다.

나는 어느 것이 좋고 옳은지 판단할 능력이 없다. 그러나 이렇게 글
자 하나를 갖고 역대의 문장가들이 장장 600년을 두고 논쟁했다는 것
이 신기했고, 그런 섬세함과 치밀함 속에서 문화도 높이 고양된다는
생각을 하게 되었다. 그리고 이 시와 시평은 내가 우리나라 예술에 깊
은 관심과 애정을 갖는 결정적인 계기가 되었다. 어린 생각에 우리 것
도 찾아보면 멋있는 게 많을 것이라는 기대와 확신을 갖게 되었던 것
이다.

정지상 얘기만 하더라도 그 뒷이야기는 차원 높은 일화로 엮어진다.
이규보(李奎報, 1168~1241)의 『백운소설(白雲小說)』에 나오는 얘기
이다.

김부식과 정지상은 문장으로 동시에 이름을 날린 라이벌로 서로
다투며 사이가 좋지 않았다. 어느 날 정지상이 "절에는 염불 소리 그
치고 하늘은 유리처럼 맑다(琳宮梵語罷 天色淨琉璃)"라는 글을 지었

는데, 김부식이 이 글귀를 빼앗고자 했으나 정지상은 주지 않았다. 나중에 정지상은 김부식에게 주살(誅殺)되어 음귀(陰鬼)가 되었다.

김부식이 어느 날 봄을 읊은 시를 지어 "버들은 천 가닥으로 푸르고 복사꽃은 만 점으로 붉구나(柳色千絲綠 桃花萬点紅)"라 했는데 갑자기 하늘에서 정지상 귀신이 김부식의 뺨을 때리며 "천 가닥인지 일만 점인지 누가 세어보았느냐? '버들은 가닥마다 푸르고 복사꽃은 점점이 붉다(柳色絲絲綠 桃花点点紅)'라고 해야 하지 않느냐"고 했다.

그 다음 정지상이 뒷간에서 김부식의 불알을 잡아 비틀어 죽이는 이야기는 여기서 줄이지만, 이런 재미있고 생생한 일화는 감수성 예민한 청년시절 나에게 깊은 서정과 많은 생각거리를 심어주었다. 그것은 일화 속의 문장론뿐만 아니라 그 행간에 어린 상징과 은유로 인하여 풍부한 상상력의 뇌세포를 증식시켜주는 계기가 되었을 것이다.

문학과 예술의 힘은 참으로 위대하다. 지금 아는 이라고는 한 명도 없고 친숙한 것이라고는 그야말로 버들잎과 강물뿐인 대동강 강가에서 내가 남의 땅이기는커녕 역사의 고향에라도 찾아온 듯한 감회가 일어나는 것은 정지상과 그의 시 '비 개인 긴 강둑에는……'이 있기 때문이 아닌가. 그렇지 않으면 내가 여기에 이렇게 오래 서성일 이유도 없지 않은가. 나는 그날 오랫동안 강둑에 서서 이따금 듣는 잔비에 대동강 물결이 가볍게 일어나는 '첨작파'와 '첨녹파'를 원없이 바라보았다.

천하 제일강산의 제일누대

대동문 · 대동문 · 대동문

대동강 강둑을 걸은 지 5분도 채 안 되어 대동문(大同門)이 보였다.
그리고 바로 곁에 연광정(鍊光亭)이 붙어 있었다. 나는 이 두 건물이
이렇게 가까이 있으리라고는 상상을 못했다. 하기사 평양 내성(內城)
의 동쪽 대문이 대동문이고 동쪽 장대(將臺)가 연광정이니 붙어 있는
것이 당연한 일이다. 그러나 붙어 있을 것이라 추론하는 것과 실제로
붙어 있는 것을 보는 것과는 체감의 강도가 완전히 달랐다.

대동강변과 모란봉 일대의 많은 유적 가운데 대(臺)는 을밀대, 누
(樓)는 부벽루가 압권이라면 정(亭)은 연광정, 문(門)은 대동문을 꼽을
것이다. 더욱이 연광정은 관서(關西) 8경(八景)의 하나로 이름을 얻었
고, 대동문은 평양성의 정문이니 그 명성이 평양의 울타리를 훨씬 넘
는다.

모두 6세기 중엽 고구려 때 처음 세운 것으로, 1011년 거란의 침입

대동문 현판
정면에 대동문 현판을
세 개나 써붙인 것이
인상적이다.

취두와 용두 새머리
대동문 추녀와 망새 부분에
나무가 비바람에 노출되는 것을
막기 위하여 기와로 감싸면서
액막이 동물 조각을 해놓은 것이
퍽 슬기롭고 신기해 보였다.
왼쪽 사진의 추녀 끝에 있는 것이
토수(吐首), 용마루에 있는 것이
용두(龍頭) 이다. 오른쪽 사진은
용마루 이음새에 있는 독수리
머리인 취두(鷲頭) . 자

대동문

평양성 내성의 동쪽 대문으로 대동강과 마주하며, 남쪽에서 올라오는 이는 여기를 통해야만 평양에 입성할 수 있었다. 평양의 정문답게 늠름한 기상이 서린 성문이다.

연광정
평양 내성의 동쪽 장대로 대동문 곁, 대동강변에 바짝 붙어 있다. 수많은 시인 묵객들이 여기에서 많은
시를 읊은 관서8경의 하나이다.

때 불타 다시 축조하고 또 임진왜란을 치르면서 재건했는데 용케도
6·25전쟁을 견뎌냈다. 그러한 시련과 풍파를 헤집고 버텨온 인고(忍
苦)의 유적이다. 대동문은 우리나라 여느 성문과 마찬가지로 반달형
무지개문을 낸 석축 위에 목조건축의 누각을 얹었다.

다른 점이 있다면 워낙 국방상 요충인지라 성벽에나 설치하는 성가
퀴(女墻, 성 위에 낮게 쌓은 담)를 축대 위에 두르고 쏘는 구멍까지 내
어 전시 대비체제를 갖추어놓은 점이다. 원래는 서울 동대문처럼 반달
모양의 옹성(甕城)을 둘렀다고 한다. 지금은 그 자취도 찾기 어렵지만,

사실 그래야 대동문은 그 권위와 위세가 당당했을 것이다.

나는 먼저 대동문 정면을 보고 싶었다. 출입문에 앞뒤가 있겠느냐 싶지만 문의 정면이란 대동강 쪽에서 바라보는 모습이다. 옛날 단원(檀園) 김홍도(金弘道, 1745~?)가 그의 제자들과 함께 그린 것으로 전해지는, 말하자면 '단원 프로덕션' 제작의 「평안감사 능라도 연회도」를 보면 대동문에 대동문, 대동문 하고 연거푸 현판을 그려 넣은 것이 퍽 인상적이어서 그것부터 확인하고 싶었다.

가서 보니 정말 그렇게 되어 있었다. 하나는 무지개문 머릿돌에 음각으로 새겼고, 문루 1층에는 희대의 낭만적인 묵객(墨客)으로 초서(草書)에서는 단군 이래 최고의 명필이었다는 봉래(蓬萊) 양사언(楊士彦, 1517~84)의 그 활달한 초서 현판이, 그리고 2층에는 청나라와의 전쟁 때 첩보작전에 능했다는 평안감사 박엽(朴燁, 1570~1623)이 쓴 방정한 해서(楷書) 현판이 걸려 있었다.

상상하건대, 대동강 저 아래쪽 배다리(船橋)에서 내린 사람은 반드시 이 문을 바라보고 곧장 올라와야 평양 입성이 가능하니, 성문을 빠져나가도록 멀리서나 가까이서나 대동문·대동문·대동문을 보면서 지나가게끔 되어 있는 것이다. 권위를 갖자는 것이고, 겁도 주자는 뜻이리라.

문루는 겹처마 팔작 2층집으로 안에는 통기둥을 세워 시원히 터놓고 전면에 마루를 깔았다. 기둥은 흘림 형식을 취하면서 모서리 기둥들은 중간 기둥의 들보보다 약간 높이어 안기울임을 주었다. 그래서 볼수록 당당하고, 볼수록 기품있는 성문이라는 인상이 남게 된다. 건물 표정의 디테일을 살피자니 용마루 끝의 독수리 머리(鷲頭)와 추녀 위의 용머리(龍頭) 조각이 빼어난 솜씨인데, 추녀 마구리에 끼워 넣은 새머리(吐首)는 아주 드문 희대의 명품이었다.

천하 제일누대, 연광정

대동문에 맞붙어 있는 연광정의 원래 이름은 산수정(山水亭)이었다고 한다. 그런데 이 이름이 너무 단조롭다고 생각했는지 온갖 풍광이 고루 비친다는 뜻으로 만화정(萬和亭)이라고 했다가, 대동강 물결에 햇살이 아른거리는 모습을 이끌어 연광정이라 이름지은 것이 오늘에 이른다. 그러나 가만히 생각해보면 오히려 산수정이라는 평범한 이름이 더 크고 멋있으며 또 이 정자에 어울리는 것 같다. 사람이 감당할 수 없는 큰 감동이 일어날 때는 차라리 평범을 취하는 것이 오히려 극대효과가 있는 법 아닌가.

연광정에는 이런저런 현판과 주련(柱聯)이 주렁주렁 달려 있다. 그 중에는 군말 없이 '제일누대(第一樓臺)'라고 쓴 것도 있었다. 그 가운

'천하제일강산'
명나라에서 사신으로 온 주지번이 쓴 글씨 '천하제일강산'에서 청태종이 끊어버린 '천하' 두 글자를 새로 써붙이고야 만 평양인들의 자존심이 엿보이는 유물이다. 마침 인민학교 학생들이 태권도를 하고 있어 더욱 반가웠다.

데 눈길이 가는 사연 깊은 현판은 '천하제일강산(天下第一江山)'이었다. 이 현판의 내력은 이중환(李重煥, 1690~1752)의 『택리지(擇里志)』에 자세히 실려 있다.

그림과 글씨로 이름이 높았던 명나라의 주지번(朱之蕃, 1595~?)이 어느 해 조선에 사신으로 오는 길에 평양을 지나면서 이 연광정에 올랐는데, 그 풍광에 놀라 무릎을 치며 '천하제일강산'이라고 큰 소리로 외치고는 제 손으로 현판을 써서 걸어놓았다는 것이다. 그뒤 병자호란 때 조선에 쳐들어와 인조(仁祖)에게 항복을 받고 돌아가던 청태종(淸太宗)이 여기에 들렀다가 중국에도 명승이 많은데 어찌 여기가 천하제일일 수 있느냐고 그 현판을 부숴버리게 했단다. 그런데 가만히 생각해보니 그 풍광도 아름답거니와 글씨 또한 버리기에는 너무 아까운지라 청태종은 '천하' 두 글자만 톱질해 없애도록 했다는 것이다.

그래서 한동안 '제일강산'이라고 붙어 있었는데, 어느 때인가 누가 다시 '천하' 두 글자를 새겨 넣어 지금은 이렇게 '천하제일강산'이 걸려 있다. 그래서 '천하' 두 글자는 '제일강산' 네 글자보다 살이 통통히 찐 것이 글씨체가 다르다는 것을 금세 알 수 있다. 이런 것이 바로 고구려 기질을 이어받은 평양 사람들의 자존심을 반영하는 것일까.

연광정 공간 분할의 슬기

연광정은 정자의 규모가 아주 크고 특이하다. 처음에는 정면 3칸, 측면 3칸의 30평 남짓한 정자를 강과 마주해 지었는데, 1573년에 20평 남짓한 긴 네모꼴 정자 또 한 채를 기역자로 모서리를 맞춰 잇대어 지었다. 증축할 요량이면 옆으로 이어붙일 수도 있겠건만 유별스럽게 꺾어붙인 것이다.

왜 그랬을까? 멋을 위함일까? 아닌 게 아니라 연광정 건물에는 멋이 많이 들어 있다. 본채의 11개 기둥은 흘림기둥인데, 꺾인채는 9개의 네모기둥이다. 또 두공(頭工)은 익공(翼工)식인데, 전문용어로 말해서 본채는 두 날개 바깥도리식이고 꺾인채는 외날개 주도리식이다. 즉 확연한 변화가 읽혀진다.

누정을 강변 덕바위 위에 앉히자니 수평고름을 해야만 했는데, 동쪽에는 굵은 나무기둥을, 서쪽에는 4각 돌기둥을 받쳐 수평을 잡고 마루 둘레에는 모두 닭다리 모양의 난간(鷄子脚欄干)을 둘렀다. 즉 변화 속에 통일을 준 것이다. 그러나 꼭 그런 멋 때문만은 아닌 듯하다. 뭔가 실질적인 더 큰 이유가 있었을 것 같다.

나는 연광정 주위로 오가는 사람들을 아까부터 살피고 있었다. 한길로는 자전거가 빠르게 오가고 있었고, 어쩌다 한 쌍의 아베크족이 느린 걸음으로 오다가 나와 눈이 마주치면서 돌아가는 모습도 보였다. 그리고 연광정에 도착했을 때는 마침 인민학교(초등학교) 여학생들이 태권도를 연습하고 있었다. 내가 잘한다고 추켜주고 곱다고 얼러주며 다시 해보라고 하니 정식으로 인사까지 하고는 한 동작 한 동작 멋지게 엮어간다.

신기하게도 동작 매듭마다 칼바람 소리를 '쉭, 쉭' 내면서 날카롭게 기합을 넣는다. 시범이 끝나자 박수를 치며 이름·학교·학년까지 다 물어 노트에 적으니, 키 큰 애가 작은 애를 가리키며 한마디 한다.

"얘가 우리 반 줄반장이랍니다."
"아, 그래, 공부 잘하는가 보구나. 그러면 너는 무얼 맡았니?"
"저는 학급반장입니다."

고 녀석 자기가 반장인 걸 그렇게 자랑하고 싶었던 것이다. 애들은 어디나 똑같은가 보다. 이제 됐다고 가라 하니 애들은 재빠르게 곁채로 뛰어갔다.

나는 연광정 본채 마루에 길게 앉아보았다. 닭다리 난간에 기대어 대동강을 바라보니 강물에 햇살이 부서지며 영롱한 빛을 발한다. 강 건너 동네에는 고층 살림집동(아파트)이 점점이 이어진다. 그 풍광은 옛 정취건 오늘의 모습이건 아련한 아름다움으로 다가온다. 그러고 보니 연광정이 뛰어난 것은 건물보다 자리앉음새(로케이션)였다.

대동강 건너 대동문으로 평양에 입성하자마자 다리도 쉴 겸, 풍광도 즐길 겸 쉬어가는 곳이 이 연광정이었던 것이다. 연광정을 노래한 수 많은 시인 묵객은 말할 것도 없고 명나라 사신 주지번, 청태종 같은 이방인들이 쉬어간 곳도 여기다.

100년 전 평양에 온 이사벨라 버드 비숍(1831~1904) 여사가, 김수영 시인이 '거대한 뿌리'라고 지칭한 『조선과 그 이웃들』(살림, 1994)에서 대동강 물장수들이 물지게를 지고 대동문으로 연방 들어오는 모습을 야만스럽게 묘사한 것도 여기서 본 것이고, 그 물장수를 보고 장사할 생각을 한 봉이 김선달도 이 '연광정 출신'이었던 것이다. 그렇게 연광정은 늘 사람들로 북적거릴 수밖에 없었다. 아이고 어른이고, 아랫것이고 나리님이고, 평양 사람이고 외지 사람이고 가릴 것 없이.

그래서 필시 증축해야 될 판이었는데, 어느 탁월한 건축가가 곁채를 기억자로 붙이는 방식으로 공간을 분할하여 처리했던 것 같다. 그리하여 증축된 연광정은 외형적으로 멋을 더하게 되고, 공간의 쓰임새가 효율적으로 되며, 건물은 더욱 운치를 갖게 되고, 사용자는 저마다의 공간을 가질 수 있게 된 것이다.

그런 생각으로 고개를 돌려 곁채 쪽을 바라보니 우리가 밀어낸 인민학교 여학생들은 거기서 여전히 칼바람 소리를 날리며 태권도를 하고 있고, 그 한쪽 모서리에는 아까부터 우리 쪽을 피해다니는 이수일과 심순애의 후예 한 쌍이 기둥에 몸을 바싹 붙이고 강물에 바스러지는 햇살을 헤아리고 있었다.

넓은 들 동쪽으로는 먼 산이 점, 점, 점

부벽루 회상 둘

연광정에서 다음 답사처는 당연히 강변 위쪽에 있는 부벽루(浮碧樓)
인 줄로만 알았다. 그런데 안내단장 하는 말이 부벽루는 지금 일반인
출입이 안 된다는 것이다.

나는 순간 "말도 안 됩니다!" 소리를 지르고 말았다. 용강 선생은
나의 뜻밖의 큰 소리에 다소 당황한 빛을 보이며 부벽루가 있는 영명
사(永明寺)가 6·25전쟁 때 불타버린 다음 요양소가 세워졌기 때문이
라며 극구 사정을 늘어놓는다. 그러면서 내가 다소 누그러지는 듯하자
은근히 묻는다.

"부벽루가 그렇게 중요한 유적입니까?"

"중요하다기보다도 거기에 꼭 올라가볼 일이 있는데……."

대동강변 모란봉 청류벽(淸流壁)에 높직이 올라앉은 부벽루는 고구려 때 절 영명사의 부속건물로 세워졌지만 임진왜란 때 불에 타버리고, 다시 누대가 중건된 것은 1614년, 광해군 6년이라고 했으니 건축적으로 역사가 오래된 것이거나 크게 의미를 둘 것은 없다. 그러나 나는 부벽루에서 보고 싶은 것이 두 개 있었다.

눌인 조광진의 행위예술

하나는 그 현판 글씨이다. 평양 사람 눌인 조광진의 명작이자 대표작이며 가장 큰 대작이다. 조광진은 말이 어눌하여 눌인이라고 했는데, 당대의 이름난 명필로 특히 힘차고 기발한 구성의 예서를 잘 써서 추사(秋史) 김정희(金正喜, 1786~1856)는 "압록강 이동(以東)에 이만한 명필이 없다"며 그의 글씨에 최고의 찬사를 보내기도 했다. 특히 그는 큰 글씨를 잘 써서 부벽루 현판 글씨도 한 자 크기가 김장김치독만하다.

그렇게 큰 글씨를 어떻게 썼을까? 혹시 작게 쓴 것을 확대해 새긴 것은 아닐까? 심히 궁금해지는 그런 글씨이다. 그런데 그의 대자(大字) 글씨에 관해서는 유재건(劉在建, 1793~1880)의 『이향견문록(里鄕見聞錄)』에 다음과 같은 신화 아닌 실화(實話)가 전해지고 있다.

의석(宜石) 김응근(金應根, 1793~1863)이 평안감사로 있을 때 눌인의 큰 글씨를 시험해보고자 했다. 연광정에다 그 정자 넓이만하게 두어 속(束)의 종이를 이어붙이니 그 종이 넓이가 30칸은 되었다. 거기에 글씨를 쓸 붓을 따로 만드니 붓대가 절구공이만하였고 그 붓에 먹을 적시니 붓의 굵기는 거의 소의 허리만하였다.

눌인이 옷을 벗어던지고 글씨를 쓰는데, 먼저 큰 새끼를 가져다가 붓대에 동여매어 그 붓을 어깨 위에 걸어메고는 쟁기를 갈듯 큰 걸음

부벽루

대동강변 청류벽 위에 높직이 올라앉은 부벽루는 옛날 영명사의 누대로, 대동강을 읊은 명시들은 대개 여기에서 읊은 것이다. 자

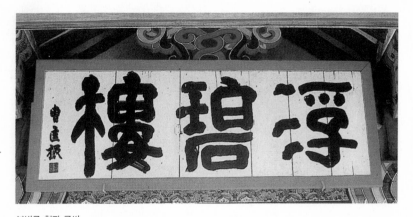

부벽루 현판 글씨
19세기 평양의 서예가인 눌인 조광진의 글씨로, 떨리듯 휘어 굽은 글자 획은 기이하면서도 웅장한 기상을 느끼게 한다. 자

으로 걸어다니며 글씨를 써가니 마치 개미가 쟁반 위를 다니는 것 같았다.

이런 게 진짜 행위예술이리라. 그는 또 때로는 붓대에 매단 새끼를 기둥에 둘러 매어놓고 사람들로 하여금 끌어당기게 하면서 썼다고도 한다. 그때 눌인이 쓴 글자가 '익(翼)' 자와 '전(戰)' 자였는데, 이때 구경꾼들은 정자 난간에 서서 내려다보면서도 글씨가 하도 커서 잘 썼나 못 썼나를 알지 못했다고 한다. 그런데 이것을 50보 밖에 걸어놓고 보니 그 뛰어난 짜임새에 놀라 김응근이 감탄해 이렇게 말했단다.

"전 자는 짧고 익 자는 길게 생겼는데 걸어다니며 쓰면서도 자획이 성기고 달라붙는 것이 저토록 잘 어울린다."

그런 식으로 쓴 눌인의 부벽루 글씨가 어찌 보고 싶지 않았겠는가.

김황원의 미완성 시

두번째 볼거리는 부벽루 자체가 아니라 부벽루에서 내다보는 풍광이었다. 옛날 고려 때 김황원(金黃元, 1045~1117)이라는 시인의 미완성 시로 더욱 유명한 그 부벽루 승경을 꼭 보고 싶었던 것이다.

사실 북한을 떠나기 전에 나는 어려서 국어책에서 읽은 이 이야기를 꼭 다시 읽어보고 가려고 했다. 그러나 몇 학년 때인지 기억이 나지 않았다. 친구들에게 물으니 죄다 중학교 때 배운 것으로 기억하는데, 춘수는 1학년이라 했고 병욱이는 2학년 같다고 했다. 나는 한국교육개발원 도서실에서 내 다닐 때 중학교 1·2·3학년 국어책을 모두 뒤져보았으나 그 글은 나오지 않았다.

그런데 '딴따라' 들은 좀 달랐다. 화가 임옥상이는 틀림없이 국민학교 5학년 책이라고 했다. 왜냐하면 그 대동강 시 끝이 점점점으로 끝나는 걸 보면서 큰 감동을 받아 잠시 창밖을 내다보았는데, 그때 백마강이 보였으니 자기가 부여 송간(松間)국민학교 다니던 시절이라고 했다. 또 시인 이동순은 그 미완성 시를 '내가 요담에 커서 큰 시인이 되어 완성해주어야지' 라고 결심해서 기억에 생생한데 국민학교 6학년인 것 같다고 했다.

그러나 당시 국민학교 5·6학년 국어책에도 그 글이 실려 있지 않았다. 모두들 너무 오래되어 기억이 정확하지 않은 것 같아 기억력 좋다는 30대 교수에게 물어보니 그는 엉뚱하게도 대학 교양한문에서 배웠다고 한다. 결국 나는 이인로(李仁老, 1152~1220)의 『파한집(破閑集)』에서 이 글의 원문을 다시 찾아 읽어보고 떠났다.

그러나 나는 본래 잘 포기하지 않는 성미이기도 했지만 어린 시절 그 글이 더욱 그리워 귀국한 다음 본격적으로 찾아보았다. 그래서 비상책으로 국어 교과서에 각별한 관심을 갖고 있는 문학평론가 정호웅(鄭豪雄) 교수에게 찾아달라고 했더니 그 이틀 뒤 팩스로 보내왔는데,

김황원의 미완성 시구

김황원이 부벽루에서 지은 미완성 시구 2 행은 지금 연광정 기둥에 한글 번역 주련과 함께 걸려 있다.

놀랍게도 국민학교 3학년 2학기 국어 교과서였다.

대동강

(전략) 지금부터 약 팔백오십 년 전, 김황원이라는 분이 있었습니다. 그는 평양의 아름다운 경치를 여러 번 들었으므로, 꼭 한 번 가보려고 생각하였습니다. 어느 해 봄날, 그는 마음에 그리던 평양을 찾아, 부벽루에 올라가 보았습니다.

참 좋은 경치였습니다.

"물이 어쩌면 이렇게 맑을 수 있을까? 그 복판에 길게 떠 있는 능라도의 버들빛도 아름답거니와, 그보다 강 건너 벌판의 넓고 아득한 경치는 가슴 속까지 탁 트이는 것 같이 시원하구나! 멀리 동쪽의 산

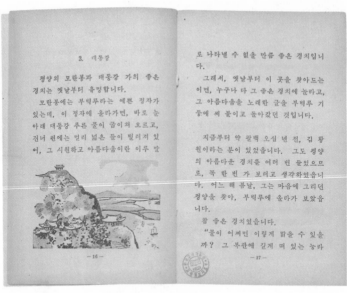

추억의 교과서
김황원 이야기가 실려 있는 1962년도 국민학교 3학년 2학기 국어 교과서. 이 책에는 「나뭇
군과 선녀」「팔려가는 당나귀」「삼년고개」 등 기억에 남는 재미난 이야기가 많이 실려 있었다.

들이 조그맣게 점 찍어 놓은 것처럼 보이는 것도 아름답다!"

이 경치를 한참 내려다보던 그는 문득 정자 기둥에 여기저기 붙어
있는 수많은 글을 보았습니다. 제각기 이 경치를 글로 나타냈다고
써 붙인 것이었지만, 그의 마음에는 하나도 들지 않았습니다. 지금
느낀 그것과는 도무지 맞지 않는다고 그는 생각하였습니다. 김황원
은 마음에 들지 않는 그 글들을 모두 떼어 버렸습니다.

"내가 좋은 글을 치어 붙이겠다."

하고, 그는 종이와 붓을 꺼내었습니다. 그의 생각에는 당장에 좋은
글이 뛰어나올 것 같았습니다. 마침내 좋은 글귀가 머리에 떠올랐습
니다.

그는 단번에 써 내려갔습니다.

평양성을 끼고 흐르는 강물,
아! 넓기도 하여라.
강 건너 멀리 아득한 벌판 동쪽에는
점 찍은 듯 까맣게 산, 산, 산…….

그러나, 이상한 일입니다. 여기까지만 생각이 떠오르고는 도무지 붓이 더 나아가지 않았습니다. 생각이 꽉 막혔습니다. 아니, 생각이 막혔다느니보다 말과 글로는 도무지 나타낼 수 없을 만큼 경치가 아름다웠던 것입니다. 온종일 그는 정자 기둥에 기대어 생각하여 보았습니다. 그러나, 뒤를 이을 좋은 구절은 마음에 떠오르지 않았습니다. 해는 어느덧 뉘엿뉘엿 서산으로 넘어가려고 합니다. 대동강물이 더욱 아름답게 저녁놀에 물들었습니다. 그러나, 뒤를 이을 글은 머리에 떠오르지 아니합니다.

그는 안타까웠습니다. 사람의 뜻을 말과 글로 나타내기가 이렇게 어려운가 하고 생각하니, 참 분하였습니다. 그는 슬펐습니다. 그의 눈에는 눈물이 괴기 시작하였습니다. 마침내 그는 기둥을 붙잡고 엉엉 소리를 내어 울었습니다.

사방은 점점 어두워지기 시작합니다. 울다가 지친 그는 어둠 속으로 어디로인지 가 버렸습니다.

나는 이 어려운 글이 국민학교 3학년 국어책에 실렸다는 것이 신기했고, 내 친구들이 다른 글은 다 잊었으면서도 그 어려운 글만은 명확히 기억하고 있음이 더욱 신기했다. 왜 그렇게 강한 인상을 남겼을까? 그것은 내 친구들이 모두 이 미완성의 시 끝을 산·산·산이 아니라 점·점·점으로 기억하고 있다는 사실에서 알아볼 수 있다.

즉 미완성의 매력이었다. 연암(燕巖) 박지원(朴趾源, 1737~1805)

과 『택리지』의 저자 이중환은 모두 김황원의 미완성 시는 별것도 아닌데 유명해졌다고 말하고 있다. 시 자체에 대한 평가는 이들이 옳을지 모른다. 그러나 미완성의 미학이란 어린 국민학교 3학년생의 가슴 속에 영원히 각인시키는 힘을 따로 갖고 있었던 것이다.

이 김황원의 시구는 지금 부벽루가 아닌 연광정에 그 원문과 번역문이 주련으로 걸려 있어 답사객의 가슴을 뭉클하게 하고 있었다.

긴 성벽 한쪽 면에는 늠실늠실 강물이요,
큰 들판 동쪽머리에는 띄엄띄엄 산들일세
長城一面溶溶水
大野東頭点点山

황혼의 대동강가엔
환영(歡迎)의 환영(幻影)들이

모란봉공원 소묘

부벽루에 갈 수 없는 나의 아쉬움을 달래려는지 안내단장은 내 어깨를 잡으며 길을 이끈다.

"교수 선생, 이거 좀 서운하긴 하겠지만 이제 을밀대 올라가보면
부벽루도 보이고 부벽루 아래 능라도와 김황원이 말한 점점점도 더
멀리 보입니다. 기운 내기요!"

우리는 곧바로 모란봉으로 향했다. 가뜩이나 깨끗한 평양 거리는 가을비로 한 차례 샤워하고 나니 더욱 맑고 고왔다. 네거리마다 귀여운 교통안내원이 태엽 감아 돌리는 인형처럼 기계적으로 고개를 돌리며 신호를 보내고 있는데, 교통체증이라는 단어도 없는 평양 거리인지라 어디를 가도 시내는 10분 안쪽이면 다다를 수 있었다.

칠성문

칠성문은 평양의 성문 중에서도 가장 견고한 문으로, 성벽이 엇갈리는 구조로 더욱 억세기를 높이고 있다.

모란봉공원 입구 주차장에 차를 세워두고 걸음도 상쾌하게 돌계단을 올라 시멘트로 곱게 포장한 산책길로 들어서니 부산 용두산공원, 대구 앞산공원, 목포 유달산공원, 서울 남산공원이나 마찬가지로 얕은 산을 다듬어 만든 정겨운 우리네 도시 공원의 모습 그대로였다. 돌축대 위로는 개나리 줄기가 늘어져내려 있고 참나무·아카시아가 뒤엉킨 산비탈 그 위로는 잘생긴 소나무가 땅의 품위를 지켜주는 그런 동산이었다.

어느 만큼 오르다 보니 오른쪽으로 연륜 있어 보이는 양옥이 나타났다. 모란각이라는 큰 식당이었다. 그런데 왠지 집 모양이 눈에 익어 눈길을 사뭇 거기에 두고 있으니 용강 선생이 일제시기에는 평양박물관으로 쓰던 건물이라고 일러준다. 당시 평양박물관은 국립도 아니고 경주나 부여 같은 분관(分館)도 아니었다. 부립(府立)이었기 때문에 위상도 낮고 소장 유물도 2천여 점 정도였다. 조선시대 이래로 평양에 대한 홀대는 그때도 마찬가지였던 것이다. 그래서 그 건물이 기껏 식당 규모였던 것이다.

견고한 고구려 성문, 칠성문

또 어느 만큼 오르니 왼쪽으로 자그마한 문루(門樓)가 우리를 맞이한다. 칠성문(七星門)이란다. 칠성이라면 북두칠성에서 유래한 것일 테니 북문이 틀림없는데, 북문 중에서도 평양 내성의 북문이다.

고구려 때 쌓은 평양성은 자그마치 네 겹으로 둘려 있어 내성·외성(外城)·중성(中城)·북성(北城)으로 되어 있다. 그만큼 국방상 중요한 위치에 있었고 그 겹성 가운데 관아가 자리잡은 중심지가 내성인데, 그 내성의 동쪽 문이 대동문이고 동쪽 장대(將臺)가 연광정이었듯이 북쪽 문이 칠성문이고, 북쪽의 장대가 바로 을밀대인 것이다. 칠성문의 성문 축대는 4각추형으로 다듬은 성돌을 선과 면을 맞추어 가지런히 쌓고 거기에 무지개문을 내었는데 여간 단단해 보이지 않았다.

나는 칠성문 밖으로 잠시 나가보았다. 외부에서 내성으로 들어올 때 기분을 맛보기 위해서였다. 밖으로 나와보니 아주 견실하고 웅장해 보였다. 칠성문은 반듯하게 두른 성벽 정면에 문을 낸 것이 아니라 서로 엇갈린 방향에서 오는 성벽이 이 칠성문에 이르러 직각으로 연결된 것처럼 모로 놓였다. 그래서 문루도 성벽 방향과 어긋나 있었다. 이것이 바로 고구려식 성문의 특징이라고 들어왔던 것이다.

이러한 구조로 인해 성문의 바깥 모양새는 매우 웅장해 보이고, 성의 구조 또한 난공불락의 위용이 있다. 실제로 1010년 평양을 침략한 거란족은 이 칠성문 앞에서 큰 타격을 입었고, 임진왜란 때인 1593년 1월 평양성 탈환작전 때 우리 의병들이 가장 먼저 공격한 역사의 현장이라고 안내문에 씌어 있었다.

칠성문 문루는 구조가 간결해 더욱 힘있어 보이는데, 건물 내부는 통천장으로 시원하게 틔워놓고 그 아래 가운데 바닥에는 나무를 깔았다. 그래서 여럿이 어울려 장기 두기가 제격으로 보였다. 실제로 언제나 여기서 동네 장기판이 벌어지는데 오늘은 비가 와서 장기꾼들이 나오지 않았다고 한다.

빈 마루에 올라 사위를 살피다 환히 드러난 문루의 구조를 눈길로 더듬어보니 큰 특징은 잡히지 않지만 마구리 대들보 밑에 받쳐놓은 초엽은 참으로 얌전해 보였다.

칠성문루에서는 을밀대가 바로 올려다보이고 아래쪽으로는 우리가 올라온 길이 훤히 드러나서 모란봉공원의 길목이 되고 있는 것 같았다. 저쪽으로는 평양미술학교 학생들이 팔레트를 들고 사생 나온 것도 보였다. 나는 뭔가 생각나는 게 있어서 용강 선생에게 물었다.

"옛날에 기자묘(箕子墓)가 이 근방에 있었다는데……."

"기자묘? 기자묘는 왜 갑자기 찾습니까? 저 위쪽에 있었다는데 지금은 사라졌고, 그 자리에는 금수대라는 정자가 하나 세워져 있습니다."

북한에서는 기자를 별로 좋아하지 않는다. 그것은 단군의 정통성을 해치는 하나의 걸림돌이라는 생각 때문이다. 나 또한 기자를 각별히 찾을 이유도 없다. 내가 지금 기자묘를 찾은 까닭은 김동인의 소설「배따라기」의 마지막 장면이 하도 감동적이고 영상적이어서 그것을 생각했기 때문이다.

「배따라기」의 김동인이라는 작가상

「배따라기」의 마지막 부분에 형이 아우의 「배따라기」 소리를 듣고 모란봉을 뛰어다니며 찾아보는 얘기가 나온다. 을밀대 쪽인 것 같아 그쪽으로 달려갔다가 또 기자묘 쪽으로 달려가보곤 한다. 그렇다면 그때 형이 서성이던 곳이 바로 여기쯤 될 터이다. 즉 나는 지금 소설「배따라기」의 무대에 서 있는 것이다.

김동인에 관해서 따로 아는 것이 별로 없던 나에게 그의 인생과 문학을 절절히 가르쳐준 것은 『한국의 인간상』(1965, 신구문화사)에 실린 정한숙(鄭漢淑) 선생의 「김동인, 신문학의 데뷔」이었다. 이 글은 한 작가의 삶과 그의 예술세계가 어떻게 맞물려 있는가를 감동적으로 전해주는 전기(傳記)의 한 모범으로 생각되는 명문이다.

어렸을 때 동인은 울음을 한 번 터뜨리면 좀처럼 그치지 않았다고 한다. 또 울 때는 발버둥을 치는 까닭에 가족들은 혹시나 어린 것의 발꿈치에 가시라도 박히면 어쩌나 하여 비단요를 깔아놓아주어 그 위에 앉아 발버둥치며 울게 하였다고 한다. …… 세상에서 흔히 말하

는 그의 오만하다는 성미가 무엇에서부터 비롯하였는지를 알 수 있
을 것이다.

평양 진석동(眞石洞)의 명망 있는 부호이자 교회 장로의 둘째 아들
로 태어난 김동인이 어찌해서 「감자」나 「배따라기」 같은 소설에서 패
륜을 그처럼 극명하게 그릴 수 있었는가도 그의 전기를 통하여 어렵지
않게 알아차릴 수 있다. 그 책을 읽고 나는 김동인을 한마디로 발자크
식 '리얼리즘의 승리'를 입증한 위대한 현실주의 작가로 생각하게 되
었다.

아다시피 춘원(春園) 이광수(李光洙)는 도덕과 계몽을 내세웠고 김
동인이 얘기한 것은 패륜과 불륜이었다. 그런데 도덕을 얘기한 춘원은
결과적으로 도덕적 패륜에 빠졌고 김동인은 지금도 내 가슴에 살아 있
는 정신으로 남아 있다. 그 이유는 무엇일까? 아마도 춘원이 말한 것
은 계몽이라기보다 관념이었고, 김동인이 얘기한 것은 패륜이 아니라
현실이었기 때문이 아닐까.

김동인은 '숙명적인 경험과 슬픈 「배따라기」'를 모란봉에 남겼을지
언정 이것을 결코 도덕이나 계몽으로 위장하지 않았다. 오히려 지울

을밀대 정자

고구려 때 쌓은 을밀대 축대는 평양성의 견고함을 보여주는 상징적인 유적이다. 그 정자는 평양 8경의 하나로, 사방으로 그림 같은 경치가 한눈에 들어온다고 해서 사허정(四虛亭)이라는 이름을 얻기도 했다.

수 없는 상처를 아련히 묘사했을 뿐이다. 소설 「배따라기」는 마지막 문장을 이렇게 끝맺고 있다.

모란봉과 기자묘에 다시 봄이 이르러서, 작년에 그가 깔고 앉아서 부러졌던 풀들도 다시 곧게 대가 나서 자줏빛 꽃이 피려 하지만, 끝 없는 뉘우침을 다만 한낱 「배따라기」로 하소연하는 그는 이 조그만 모란봉과 기자묘에서 다시 볼 수가 없었다. 다만 그가 남기고 간 「배따라기」만 추억하는 듯이, 기념하는 듯이 모든 잎잎이 속삭이고 있을 따름이다.

그러니까 춘원의 관념적인 얘기는 공허하게 무너졌지만 김동인의 현실의 드러냄은 시대를 뛰어넘어서 문학적인 감동과 생명을 지니는 것이리라. 그런 김동인에, 그런 「배따라기」인데, 내가 여기까지 와서 어찌 그를 생각하지 않고 그냥 지날 수 있었겠는가.

을밀대 성가퀴에 기대서서

칠성문에서 을밀대까지는 길이 곧게 뻗어 있다. 군사적으로는 망루 (望樓)이지만 평시에는 정자(亭子)로 쓰였단다. 6세기 중엽, 고구려 평양성을 쌓을 때 을지문덕의 아들인 을밀 장군이 쌓은 데에서 그 이름이 유래한다고 들었는데, 여기 와서 보니 을밀 선녀가 이곳 경치에 반해 하늘에서 자주 내려와 놀았다고 해서 붙은 이름이라는 설과 웃미르터, 즉 웃밀이언덕이라는 이름을 이두식으로 표기한 것이라는 설도 만만치 않다고 한다.

아무튼 을밀대는 엄청나게 높은 웃밀이언덕 벼랑에 높이 11m의 축대를 둥글게 두르고 세운 누대이다. 그래서 을밀대 정자 안으로 들어가면 난간도 없이 곧바로 성가퀴라고 불리는 성벽의 지붕이 가슴까지

와닿는다. 성벽에는 일정한 간격으로 네모난 활구멍이 뚫려 있다. 호기심에 쭈그리고 앉아 내다보니 거기서 활만 쏘고 있으면 절대로 죽을 일이 없을 것 같았다.

누정(樓亭)은 정면 3칸, 측면 2칸의 팔작지붕으로 여러 번 고쳐 짓다가 1714년에 다시 지은 것을 보수하면서 오늘에 이른 것이라고 하는데, 맵시를 한껏 넣어 쓴 현판 글씨는 구한말의 평양 지방 서예가였던 호정(湖亭) 노원상(盧元相)의 글씨였다.

그러나 을밀대의 이름 높음은 이런 건물에 있는 것이 아니었다. 그것은 당연히 망대에서 바라보는 전망이었다. 을밀대 정자로 들어서는 순간 눈 아래로 펼쳐지는 저 대동강의 풍광은 정말로 드라마틱하였다. 비 갠 끝인지라 날이 더욱 맑은 탓인가, 대동강 물빛은 푸르고 푸른데 강 건너 들판은 한없이 밀려가고, 또 그 들판 너머로는 김황원의 표현대로 검은 산들이 점점점으로 이어간다.

눈 아래 벼랑 밑으로는 듣던 바대로 옛날 영명사 자리에 요양소 청기와집이 들어앉아 있고 영명사의 누정인 부벽루는 대동강과 맞닿아 있다. 그 앞 강중의 긴 섬 하중도(河中島)는 일러주지 않아도 능라도인 줄을 알겠다.

대동강 모란봉 사방의 아련한 풍광들이 이렇게 다 여기로 모여든다. 아! 알겠다! 그래서 을밀대의 옛 이름이 승경(勝景)을 모았다는 뜻으로 취승대(聚勝臺)라고도 했고, 사방이 탁 트였다고 해서 사허정(四虛亭)이라고 한 것이구나.

능라도 그림의 회상

능라도를 보면서 나는 직업적으로 두 개의 옛 그림을 생각하며 그 광경을 대입시켜보았다. 하나는 단원 프로덕션의 「평안감사 연회도」 3폭에서 능라도의 한밤중 연회도에는 이 놀이판을 위해 평양 시민들은

김관호 작 「해질녘」

김관호가 1916년 도쿄예술학교 졸업작품으로 제작한 이 그림은 그해 '문전'에 특선하여 장안의
화제를 모았다. 멀리 보이는 긴 섬이 능라도이다. 자

이곳 을밀대까지 나와 횃불을 들고 불밝히고 있었으니, 그 방만한 잔치와 민폐를 짐작하고도 남음이 있는 것이다.

그리고 또 하나는 1916년 평양 출신의 김관호가 조선인으로는 고희동에 이어 두번째로 도쿄미술학교를 졸업하고 그해 가을에 열린 일본 문부성 전람회에 출품하여 영예의 특선을 수상한 작품이다. 이 그림은 대동강 능라도에서 미역감는 두 여인의 누드를 그린 것이다. 대동강의 풍경은 인상파풍으로 은은하게 처리하고 그 대신 등을 돌린 채 머리를 매만지는 여인의 육신은 고전적 기품에 낭만적 빛깔을 살짝 얹은 대담한 작품이다. 그때로서는 이 그림은 차라리 도발적이라는 느낌도 없지 않았던 모양이다.

그래서 그가 특선을 했다는 소식은 도쿄발(發) 속보로 전하면서도 『매일신보』 10월 28일자 기사 끝에는 안타까운 해명의 글이 이렇게 실려 있었다.

이 그림의 사진을 기자는 갖고 있지만 벌거벗은 여인을 그린 것인 고로 게재치 못함을 양해 바람.

돌이켜보자니 옛날 우리 할아버지들의 생각은 참으로 '귀여운' 데가 있었다.

그날 안내단장은 오랫동안 을밀대에 머무르면서 황혼이 질 때까지 대동강을 바라보는 것을 허락해주었다. 노을에 물드는 대동강은 더욱 아름답고 아련했다. 50년 동안 오고감이 허락치 않아 아는 이 하나 있을 리 없는 내가 지금 을밀대에서 기억할 수 있는 사람의 이야기는 고작해야 예술 속의 인물 이상의 것이 없다. 그러나 기자묘에서 을밀대로 뛰어오는 「배따라기」의 형님도, 능라도에서 벌거벗고 미역감는 김관호의 그림 속 여인의 뒷모습도, 그리고 부벽루 기둥을 붙잡고 통곡

하는 김황원의 모습도 모두가 엊그제 거기에 있었던 일인 양 선연히 다가온다.

날이 어두워지고 황혼에 땅거미가 내려앉을 때에도 그들의 모습은 내 눈에서 사라지지 않았으니, 그것은 꿈에나 그리던 나의 소망이 그렇게 나타난 것인가 아니면 정녕 온몸으로 사무치게 그리워하였던 대동강이 남녘에서 온 반가운 객(客)에게 보내는 뜨거운 환영(歡迎)의 환영(幻影)이었는가!

무너진 서까래는 고치면 되겠지만…

배 모양의 도시, 평양

평양에 온 지 사흘째 되는 날 오후에는 평양의 신문(神門)이라는 보통문(普通門)을 답사했다. 그러나 보통문은 우리가 비행장에서 평양으로 들어올 때부터 시내를 나오기만 하면 꼭 거쳐갔던 곳으로 이미 눈에 친숙해진 유적이었다.

서울이 현대도시로 바뀌는 과정에서 오직 남대문과 동대문이 남아 옛 한양성의 자취를 엿보게 하듯이, 평양에는 대동문과 보통문이 그 옛날의 평양성을 지키고 있다. 옛 글에 따르면 "남쪽에서 오는 이는 대동문을 거쳐 보통문으로 나가고, 서쪽에서 올라오는 이는 보통문을 지나 대동문에 이르니 둘 다 평양성의 정문이다"라고 했다. 그런데 대동문이 대동강변에 있듯이 보통문은 보통강변에 있다. 평양은 이처럼 강으로 둘러싸인 도시이다.

평양은 풍수지리적으로 말해 배 모양을 하고 있다고 한다. 이사벨라

비숍은 대동강물을 연방 길어올리는 물장수를 보면서 왜 우물을 파지 않고 강물을 길어 먹는지 이상했단다. 그래서 알아본즉, 평양은 배 모양이므로 우물을 파면 배가 가라앉게 돼 나라에서 금지시켰다는 이야기를 듣고는 그 미신의 위력이 놀랍고도 한심스러웠다고 통탄했다.

그러나 풍수가들은 그렇게 생각하지 않는다. 평양 같은 퇴적암 지세에서는 물에 장기(瘴氣, 축축하고 더운 땅에서 생기는 독기)가 있어 식수로 부적합하기 때문이라고도 하고, 혹자는 수만 가구가 우물을 파면 지반에 문제가 생길 수 있기 때문에 막은 것이라고 해석하기도 한다. 어떤 이유에서든 옛 조상들이 어련히 잘 알아서 했을라고. 평양도

보통문
평양성 중성의 서쪽 대문인 보통문은 북쪽으로 통하는 길목이다. 옛날에는 보통강 앞에 나루가 있어서 '보통송객'을 평양 8경의 하나로 꼽기도 했다. 유

보통문 돌축대
축대를 쌓으면서 수직·수평선을 어긋나게 한 것은 지진에도 잘 견딜 수 있게 고안한 어긋쌓기이다. 시각적으로도 몬드리안의 추상을 보는 듯한 조형미가 돋보인다. 유

한 시대, 한 나라의 수도였으니 필시 그곳의 군사적·정치적·생활적 측면을 심각하게 고려했을 것이며, 그 지세의 여러 허점을 당연히 여러 방법으로 보완하지 않았겠는가.

그 보완책의 하나가 성(城)의 배치였다. 평양의 지세는 내가 보기에 배 모양이라기보다도 복주머니 형상에 가까웠다. 복주머니의 머리끈을 꼭 조여 당긴 자리가 북쪽의 금수산 모란봉이라면 복주머니 아랫도리의 동남 방향으로는 대동강, 서쪽으로는 보통강이 흐르고 있는 것이다. 그러니까 대동강과 보통강은 평양의 성호(城濠), 즉 해자(垓字, 성 밖으로 둘러 판 못) 구실을 하는 것이다.

평양이 이처럼 천연의 요새이기는 했지만 그 방위의 기본이 강줄기이고 산이 아닌지라 이를 보강함이 평양성의 기본계획이 되었음은 설명 없이도 짐작할 수 있는데, 실제로 고구려시대부터 평양성은 내성·외성·중성·북성 등 겹겹이 4개의 성으로 둘러싸였다. 북성에는 군대, 내성에는 관아가 들어가 있었고, 중성·외성에는 민가가 자리잡았는데 그 중성의 서쪽 대문이 바로 보통문이다. 보통문은 이처럼 산과 강이 마주보는 자리에 있어 주변 풍광이 참으로 곱다. 그래서 일찍이 평양 8경의 하나로 꼽혀왔다.

전란에도 살아난 신문

또한 보통문은 예부터 신문이라고 불렸다. 임진왜란중 평양성 탈환작전 때 불화살(火煎)이 문에 어지러울 정도로 날아들었으나 끝내 불에 타지 않았으니 사람들이 그때부터 귀신 같은 문이라고 부르게 되었다는 것이다. 그것 또한 지세 덕이었는가, 보통문의 사주팔자였던가. 그로부터 350년 뒤 6·25전쟁에서 평양은 아주 심하게 폭격을 당해 전쟁이 끝났을 때 시내에 온전한 건물이라고는 딱 두 채뿐이었다고 하는데, 그 하나는 은행 건물이고 또 하나는 이 보통문이었단다. 신문은 신문인 셈이다.

그뒤 1960년대 초, 평양시에 새로운 거리를 설계하면서 보통문은 평양 구시가와 서쪽의 신시가를 잇는 중심에 놓이게 되었다. 보통문을 네거리 정원으로 하여 천리마거리·창광거리·보통문거리를 동·남·북으로 곧게 내고, 보통문이 서쪽으로 내다보고 있는 보통강에는 보통교 다리를 놓았다.

보통문에 당도했을 때 나는 반가움에 들떠 길을 뛰어 건너다가 교통 안내원에게 제지당했다. 라운석 동무가 황급히 달려와 나를 구해주었는데, 내가 무얼 잘못했느냐고 물으니 평양에서는 길을 건널 때 뛰지 못하게 되어 있다는 것이다. 나는 운석 동무에게 물었다.

　"교통 위반하면 벌금을 냅니까?"
　"아니요. 교육을 받습니다."
　"교육? 무슨 교육을 받나요?"
　"곳곳에 교통 지도소가 있는데 큰 판에 교통안전수칙 30여 가지 적어놓은 것을 다 외워야 보내줍니다. 다 못 외면 이튿날 또 와야 해요. 교수 선생도 그걸 다 외우려면 못 걸려도 서너 시간은 걸립니다."

　나는 속으로 남한에서도 이 제도를 수입해 쓰면 어떨까를 생각해보고 혼자 웃음이 나오는 것을 억지로 참았다.
　네거리 한가운데에 모셔져 있는 보통문으로 들어가니 돌축대가 완전하다. 돌마다 이가 꼭 맞아 빈틈이 없고 담쟁이덩굴이 잘 자라 그 운치와 조화로움이 더하다.
　더욱이 보통문의 축대는 수평을 맞춰 쌓아올린 것이 아니라 돌마다 층을 달리해 마치 조각보를 잇듯이, 또는 몬드리안의 기하학적인 구성을 보여주듯 아주 조화로운 변화를 이루고 있다. 이는 사실 아름답게 보이기 위한 것일 뿐만 아니라 돌축대의 견고성을 위해서이기도 하다. 돌마다 이를 얼기설기 엇물려 지진에도 미끄러지는 일이 없게 한 것이다. 북한식 표현으로 말해 '억세기를 높인 것'이다.
　안내원의 허락을 얻어 문루로 올라가니 축대 위에는 역시 성가퀴를 돌렸고, 가운데에는 마루를 깔고 마루 좌우 기둥은 통기둥으로 2층까지 뻗었다. 그리고 모서리 기둥은 안기울임을 주어 힘을 높이고 보기도 좋게 했다. 단청은 은은한 모루단청이었다.
　마루에 올라 사방을 살펴보았다. 어찌 보면 열십자로 반듯하게 뚫린

길들이 끝도 안 보이게 멀리 뻗어가는 듯하다가, 또 달리 보면 모든 길이 보통문을 향해 달려오는 듯하기도 하다. 창광거리든 천리마거리든 시내에는 오가는 자동차가 드문데, 무궤도전차는 제법 바삐 보통문을 휘감고 돈다. 웬지 어렸을 때 아버지 손잡고 갔던 서울 남대문 전차역의 정경이 떠올랐다. 평양에는 아직도 그런 1950년대식의 순정이 남아 있었다.

나는 누마루에 걸터앉아 보통강을 내려다보았다. 강상에는 큰 다리가 놓여 강물도 눈에 들어오지 않고, 다리 건너 곧게 뻗은 길 끝에는 높이 105층의 세모뿔형 미완성 고층건물인 유경(柳京)호텔이 버티고 서 있다.

뉴욕 엠파이어스테이트 빌딩보다 더 높은 세계 최고층 건물이란다. 그 자랑을 위해 3층 더 높인 것도 순정이라면 순정이다. 옛날에는 '보통송객(普通送客)'이라고 해서 보통강 나루에서 손님 보내는 것이 평양의 좋은 볼거리라고 했는데, 지금은 그곳을 투숙객이 들어갈 호텔이 가로막고 있으니 그 또한 이 땅의 팔자소관인지 모를 일이다.

천하명문, 채제공의 중건기

나는 뒤로 돌아 들보 쪽을 올려다보았다. 혹시나 무슨 시판(詩板)이나 중수기(重修記)라도 있을까 살피니 현판이 하나 걸려 있었는데, 뜻밖에도 채제공(蔡濟恭, 1720~99)이 쓴 「보통문 중건기」였다.

정조 때 가장 유능한 재상으로 이름 높았던 채제공이 50세 때 평안감사가 되어 이 보통문을 고치고 낙성할 때 써붙인 현판이다. 더듬거리며 한 자씩 풀어보자니 그 뜻이 참으로 크고 아름다웠다.

서경(西京)은 대도시이다. 그 문에 대동문과 보통문이 있다. ……
모란봉이 멀리 아득히 곱게 단장하고 평양의 진산을 이루었는데 거

보통문 내부
보통문 내부는 문화유물창작사에서 곱게 단청하여 복원했는데, 그 빛깔이 남쪽과는 달리 매우 밝은 느낌
을 주었다. 길게 걸려 있는 채제공의 「보통문 중건기」를 함께 읽고 있는 분이 리정남 연구사.

기서 한 줄기를 뻗어내려 높다란 칠성문으로 안정시킨 다음 비스듬
히 굴곡을 이루면서 구불구불 활등 모양으로 3, 4리쯤 내려가 보통
강을 만나면서 그친다. 그리하여 산맥과 강물이 마치 서로 머리를 맞
대고 남몰래 무언가 주고받는 듯하다. 그래서 얼른 보아서는 그 순맥
(順脈)과 역수(逆水)의 방향이 다름을 알지 못한다. 바로 그 산과 물

이 만나는 자리에 보통문이 있다.

　도도한 물결처럼 흘러가는 채제공의 문장은 그의 인품만큼이나 청아하고 진중하다. 글은 또 이어가기를, 평양 사람들이 보통문을 중수하는 것이 하나의 숙원이기에 민력(民力)은 한 사람도 빌리지 않고 나랏돈을 내어 일꾼을 사서 고쳐놓으니 "버드나무 그늘과 소나무 사이로 단청빛이 더욱 새롭고 고와 보였다"는 것이다. 그래서 서경 사람들이 모두 즐거워하고 있는데 이때를 맞아 채제공은 이렇게 말한다.

　　지금 평양에서 고쳐야 할 것은 이 보통문만이 아니다. 나라 곳간이 텅 비고 재정이 고갈된 것은 문의 기둥이 썩는 것과 무엇이 다르며, 백성들이 가렴주구로 시달리는 것은 서까래 네 구석이 무너져내리는 형세와 무엇이 다르며, 풍속이 퇴폐해 날로 낮은 데로 흘러감은 기와가 땅에 떨어지는 것과 무엇이 다르겠는가. …… 물건이 허물어진 것은 혹은 기다려 고치면 되겠지만 백성의 삶이 허물어진 것은 장차 어디에 기대해야 할 것인가. 나는 이 말을 여기에 기록해두어 내가 근본을 버리고 그 말엽만 힘쓴 것을 부끄러워 했음을 알게 하고자 하노라.

　이런 글을 일러 명문이라 하는 것이리라. 우리나라 옛 기문(記文)에는 명문이 많다. 집 한 채 지은 것을 축하하는 가운데에서도 생활과 사상과 정치가 분리되지 않는 경륜이 바로 기문에 잘 나타나는 것이다. 청풍 한벽루(寒碧樓)에 붙인 하륜(河崙, 1347~1416)의 기문은 정자를 고친다는 것은 한 고을 수령 된 자가 하는 미미한 일에 지나지 않지만 그 정자를 보면 오히려 고을의 정치와 도덕까지 알 수 있음을 논했고, 공주 취원루(聚遠樓)에 붙인 서거정의 글은 정자란 한갓 놀고 쉬는 곳이 아니라 민생의 현장을 모두 볼 수 있는 곳임을 말했는데, 채제공은 「보통문 중건기」에서 관과 민이 할 일을 두루 다 말하고 있다. 옛 문장가들의 뜻은 그처럼 원대했다.

그런데 나는 지금 이 보통문 누각에 앉아 때아니게 한가로이 아름다움에만 탐닉하며 또 다른 말엽에만 흐르지 않았는가. 생각하자니 부끄러움, 부끄러움뿐인데 보통강 저 너머 붉은 해가 흩뿌리는 저녁 노을에 나의 얼굴은 더욱 붉어만진다.

드넓은 벌판을 보듬은 고로봉식 산성

고구려인이 평양에서 처음 찾은 땅

평양으로 떠나기 이틀 전, 역사학을 전공하는 친구 병욱이가 내 연구실로 찾아와 장도에 오르게 된 것을 축하하면서 은근히 부탁하는 척, 코치한 것이 내 심장에 오래도록 깊이 박혀 있었다.

"홍준아, 평양에 가면 대성산성(大聖山城)도 가 보겠지?"

"물론이지. 하지만 성벽은 다 무너지고 남문(南門)도 근래에 복원한 것이니 뭐 그리 볼 게 있을라고."

"그러니까 잘 보고 오라는 거야. 우리가 평양 하면 대동강변의 평양성을 먼저 떠올리지만, 정작 고구려 사람들이 처음 남하(南下)해 자리잡은 곳은 대성산 자락이고, 거기서 무려 150년을 보냈거든. 평양성에서 지낸 기간보다 두 배나 긴 거지."

이런 가르침이야말로 사람의 눈과 의식을 새롭게 일깨워주는 이른 바 '교시(敎示)'이다. 그래서 대성산성을 답사하게 됐을 때 나는 병욱이의 교시대로 더욱 주변의 지세를 면밀히 알아보고, 따져보고, 살펴보게 되었다.

평양에서 동북쪽으로 8㎞ 떨어진 곳에 있는 대성산은 평양의 진산(鎭山)이다. 백두산에서 개마고원을 거쳐 서남쪽으로 뻗어내린 묘향산맥이 묘향산에 이르면서 문득 방향을 남쪽으로 바꾸어 곧장 내려오다가 대동강을 만나면서 멈춰선 산이 대성산이다.

백두대간의 금강산에서 서남쪽으로 뻗은 한 줄기가 북한산에서 문득 멈춰선 서울의 지세와 비교하자면 묘향산은 금강산, 금수산 모란봉은 북악산, 대성산은 북한산에 해당하는 것이다. 두 도시가 한 나라의 수도가 될 수 있음은 모두 묘향과 금강 같은 명산에 뿌리를 두었음이라고 하는데, 대성산이 북한산에 비해 이처럼 낮은 것을 놓고 어떤 풍수가는 평양은 진산이 약하여 인재를 많이 배출하지 못했다고 하고, 어떤 풍수가는 북한산은 험악해서 서울에 억척스런 사람이 많다고 말꼬리를 돌리기도 한다.

실제로 대성산은 해발 274m밖에 안 되는 낮은 산이다. 그러나 주위가 평평한 벌방지대(저지대)이기 때문에 상대적인 높이는 아주 우뚝하다. 그리하여 대성산은 평양 사람들의 큰 유원지이자 성지(聖地)로 개발되어 있다. 중앙동물원·식물원·어린이놀이터·대성산류희장·혁명렬사릉 등이 모두 대성산 구역에 모여 있다.

그러나 문화유산 답사자로서 나의 관심을 끄는 것은 역시 고구려의 유적들이다. 광개토왕 때 창건된 광법사(廣法寺)터, 고구려의 궁전인 안학궁(安鶴宮)터, 1천여 기의 고구려시대 무덤떼, 그리고 대성산성—대성산성은 어찌된 일인지 책마다 표기가 달라 '이룰 성(成)', 또는 '재 성(城)', 또는 '성스러울 성(聖)'으로 두루 쓰이고 있다.

대성산성
427년, 고구려 장수왕이 평양으로 도읍을 옮기면서 쌓은 이 산성은 총길이 9km에 이르며 면적은 성남의 남한산성과 비슷하다. 앞에 보이는 소문봉 정자는 남쪽으로 안학궁터가 훤히 내다보이는 좋은 전망을 갖고 있다. 자

외가댁 아저씨 같은 소장 아바이

우리는 이날 아침 일찍 출발해 뿌연 아침 안개가 걷히지 않은 상태에서 광법사를 답사하고 이내 대성산성의 웅장한 남문 앞에서 기념촬영을 하고는 곧장 산성으로 올랐다. 광법사나 남문이나 모두 근래에 복원한 것이므로 고구려 맛을 느끼자면 오히려 무너졌을지언정 성벽을 거니는 것이 유리할 듯하여 서둘러 산성으로 올랐던 것이다.

오래 전부터 순환도로가 포장된 산책길 주변에는 곳곳에 큰 연못이 있어 원족(遠足, 소풍) 나온 인민학교 학생들이 연못가에 줄지어 앉은 정경이 아주 정겹게 다가왔다. 큰 못에는 이름을 지었는데 이곳의 작은 전설에 기대어 잉어못·사슴못 등 귀여운 이름을 붙인 것도 있고, 장수못·미천호·동천호처럼 고구려 왕의 이름으로 그 권위를 빌린 것도 있다.

우리를 안내하기 위해 일부러 나온 대성산성 문화유적관리소의 이창복(李昌福, 59세) 소장은 장수못에서 이렇게 설명했다.

"산성에는 이런 연못이 99개 있었다는 전설이 있었단 말입니다. 그런데 1958년에 발굴해보니까 연못이 무려 170개나 되었습니다. 그래서 이것이 전쟁 때 풍부한 수자원 구실을 한 걸 알게 되었습니다."

나는 소장의 진지한 설명을 들으면서 그 역사적인 내용보다도 그가 눈을 끔적이면서 짓는 티없이 맑은 미소와 아저씨 같은 친숙한 분위기에 매료되고 말았다. 레닌모자에 누런 인민복을 입고 빨간 김일성배지를 가슴에 달고 있지만 당신의 육십 풍상의 얼굴과 말씨에서는 어디에고 이데올로기가 느껴지지 않았다. 마치 시골에서 이장(里長)을 보고 있는 나의 외가댁 아저씨가 새마을모자에 민방위복을 입고 있지만, 그

대성산성 유적지 관리소장
이창복 관리소장의 편안한
미소와 조용한 몸가짐에서
나는 마음씨 좋은 우리네
아저씨의 한 전형을 보았다.

것이 어떤 사상에서가 아니라 시키면 정직하게 시키는 대로 할 줄밖에
모르는 순종에 있음과 같은 분위기였다.

나는 소장을 아저씨라고 부르고만 싶은데 안내단장은 말끝마다 '소
장 아바이'라고 불렀다. 나는 안내단장에게 물었다.

"용강 선생, 나도 소장 아바이라고 불러도 됩니까?"
"물론입니다. 아바이는 존칭입니다."

설명을 들으니 북한에는 '동무' '동지' '아바이'라는 호칭이 있다.
동무는 친구나 손아랫사람의 이름이나 관직에 붙고, 동지는 윗사람
이나 나이든 사람의 이름이나 직함에 붙이는 존칭이다. 과장 동무, 철
수 동무는 낮춤이고 과장 동지, 철수 동지는 존칭이다. 그리고 동지라
고 부르기에는 나이가 많으면 아바이가 붙는다는 것이다. 소장 아바

이, 관리원 아바이, 부장 아바이…….

북한에는 '님' 이라는 어미가 붙는 것은 수령님 · 장군님 · 원수님 등 특수한 경우에 한하고, 나처럼 체제 밖에 있는 사람에게는 모두 이름이나 직함 뒤에 선생을 붙인다. 기자 선생, 의사 선생, 홍준 선생 등으로 부르는 것은 선생님이라는 뜻이 아니라 남한 말의 씨(氏), 영어로 '미스터(Mr.)' 에 해당한다. 그래서 그들은 나를 꼭 '교수 선생' 이라고 불렀던 것이다.

대성산성은 남한의 남한산성과 거의 비슷한 규모로 직선거리는 동서 2.3km, 남북 1.7km로 총 길이는 약 7km, 주작봉에서 소문봉 사이의 이중 성벽과 국사봉의 3중 성벽까지 겹성의 둘레도 합치면 9km나 된다. 성문은 20개 있는데 남문처럼 항시 쓰는 출입문말고 전시에만 쓰던 샛길 문도 있다.

대성산은 절묘하게도 분화구처럼 가운데가 움푹 들어가 있고 동서남북으로 장수봉 · 을지봉 · 소문봉 · 주작봉 등이 빙 둘러 있었는데 이 산봉우리를 성벽으로 연결해 성채를 쌓았으니 이른바 고로봉식(栲栳峰式) 산성이다. 계곡을 끼고 있는 포곡식(包谷式)과 산봉우리를 둘러싼 태뫼식의 장점을 모두 활용할 수 있는 유리한 지형이다.

대성산성의 수비방향은 남쪽

'소장 아바이' 는 대성산성에서 가장 좋은 전망을 갖고 있다는 소문봉 정자로 우리를 안내했다. 소문봉에 오르니 산성의 봉우리와 봉우리마다 세워진 정자들이 한눈에 들어온다. 그 장쾌하고 넉넉한 느낌이란 마치 고구려의 기상을 체감하는 듯한 기분이었다. 성벽의 지붕돌에 가슴을 받치고 산성 아래쪽을 내려다보니 아침 안개가 걷히면서 서서히 드러나는 들판이 한없이 펼쳐진다. 그 드넓음이란 김제 만경평야만큼이나 광활해 보였다면 과장일까?

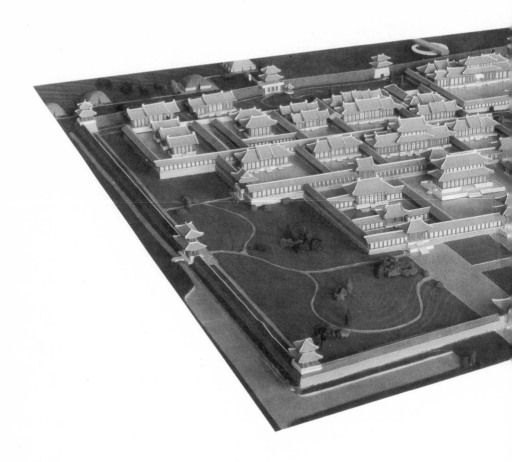

아마도 지린성(吉林省) 지안(集安)의 비좁은 국내성에서 뛰쳐나와 넓고 넓은 평야를 바라보며 영토를 넓혀갔던 고구려인의 눈에 이 드넓은 평야는 가나안의 옥토처럼 비쳤을 것만 같다. 나는 산성의 동서남북을 두루 둘러보았다. 망원경이 없는 대신 사진기에 망원렌즈를 끼워넣고 훑어보기도 했다. 그러자 소장 아바이는 내가 무엇을 살피는지 알아차리기라도 했다는 듯이 산성을 가리키며 설명했다.

"대성산의 동쪽과 서쪽은 천연의 절벽이고 남쪽은 안학궁을 바라

안학궁터 모형도
고구려가 평양으로 도읍을 옮기면서 세운 첫 궁궐터는 부지 38만㎡,
연건축 3만 4천㎡로 남북을 중심축으로 하여 앞뒤로 3개,
좌우로 1개씩 건축군을 이루는 방대한 규모였다.
사진은 조선중앙력사박물관에 전시되어 있는 안학궁 상상 복원모형. 자

보면서 이렇게 높은 성벽으로 되어 있습니다. 그렇지만 북쪽은 산자
락이 제창(연달아) 이어져 있으니 수비방향은 바로 남쪽입니다.”

소장 아바이의 손짓에 따라 남쪽으로 내다보니 소문봉 아래로는 반
듯하게 정비된 안학궁터가 아련히 떠올랐다. 저기가 바로 427년부터
586년까지 160년 동안 고구려의 궁전이 있던 안학궁 자리이다. 대성
산의 생김새가 학이 편안하게 쉬고 있는 형세인지라 편안할 안(安) 자,
학 학(鶴) 자, 안학이라는 이름을 얻었다고 한다. 발굴 보고서와 모형

도로 제시된 바에 따르면 부지가 약 38만㎡, 연건축면적 약 3만㎡, 사방 600m의 성곽을 두르고 성 안에는 정원과 연못도 있으며, 성내에서는 21채의 궁궐 건물과 31채의 회랑(回廊)에 둘려 있는데 남북을 중심축으로 하여 가운데 3개, 좌우로 1개씩 건축군이 대칭을 이루고 있다. 그래서 안학궁은 정연한 기품이 살아난다. 그렇게 아무런 수식 없이 강인한 힘을 보여주는 것이 역시 고구려의 정서이고 기상이다.

고구려인들은 평시에는 안학궁을 중심으로 한 평야지대에 살다가 전시에는 이 장대한 산성에 들어와 방어했던 것이다. 북쪽에서 남으로 남으로 진출해온 고구려였기 때문에 북방은 안전한 후방이고 남쪽은 전선으로 이어지는 셈이었다. 그렇다면 산성의 방향과 궁궐의 자리매김을 충분히 이해할 수 있다. 병욱이가 잘 보고 오라고 한 것은 바로 이것이었을 것이라는 생각이 들었다.

나는 감회에 젖어 망연히 남쪽의 안학궁을 오랫동안 내려다보았다. 성벽 쪽으로는 참나무와 소나무가 엉클어져 갈색과 초록이 짙은 빛을 다투는데 성벽 바로 아래로는 10m의 공간을 두어야 한다는 문화재 보존준칙에 따라 시원스레 길을 내어두었다. 그리고 그 길에는 성벽에 절대적으로 완벽하게 어울리는 억새가 무성하다. 이윽고 소장 아바이가 부른다.

"교수 선생, 이쪽으로 내려갑시다. 아래에서 보면 성돌을 엇물리면서 일매지게 쌓은 성벽이 잘 보입니다. 여기서 영화촬영을 많이 해갔습니다."

나는 소장 아바이의 정겨운 말 한마디 한마디에 온정을 다해 대답한다는 것이 무심결에 "예! 아바이 동무, 곧 갑니다"라고 했다.

그러자 점잖은 안내단장이 깜짝 놀라며 내게 말했다.

"교수 선생, 아바이 동무라는 말은 없습니다. 아바이는 존칭이고 동무는 내림인데, 올렸다 내릴 수 있습니까? 남쪽에는 그런 말이 있습니까?"

"아, 죄송합니다. 실수했습니다."

나는 고개 숙여 사과하고는 더 큰 목청으로 성벽 아래에 대고 소리쳤다.

"소장 아바이, 인차 내려가겠습니다!"

천 년의 비밀을 지켜온 우물 앞에서

최상의 안내자, 리정남 연구사

이번 북한 문화유산 답사길에 나는 최상의 안내자를 만났다. 우리를 초청한 조선 아세아 태평양 평화위원회측은 조선중앙력사박물관의 리정남 연구사를 문화유산 전문가로 전기간 동행하도록 주선해주었다. 리선생은 외모부터 조용한 선비풍인데, 말수도 적고 몸가짐도 차분하며 성격도 꼼꼼했다. 한마디로 나와는 정반대 되는 성품을 갖고 있었다. 그래서 우리는 오히려 금방 친해지게 되었다. 본래 어려서는 성격이 비슷해야 친구가 되지만, 나이 들어 만날 때는 달라야 마찰도 없고 마음이 편한 법이다.

리선생은 학문태도 또한 치밀한 연구자의 면모가 있어 유물의 제작연도는 물론 날짜와 숫자, 크기까지 다 외고 있었다. 더욱이 그는 50년 만에 남한에서 찾아온 이방인 아닌 이방인을 위해 문화유산에 대한 남한측 학술용어를 모두 알아두고 있었다.

나 또한 북한을 방문하기에 앞서 북한의 고고미술사 용어를 많이 익혔다. 그리고 현지에서 말할 때면 되도록 그쪽 용어를 써주려고 노력했다. 그것은 리선생도 마찬가지였다. 그래서 나와 리선생이 대화할 때면 나는 북한용어로 묻고 그는 남한용어로 대답하는 진기한 현상이 일어나곤 했다.

평양 시내 다음의 답사일정은 동명왕릉(東明王陵)과 진파리(眞坡里) 고분떼, 그리고 동명왕릉을 위해 지은 절인 정릉사(定陵寺)로 잡혀 있었다. 여느 때와 마찬가지로 우리가 묵고 있는 초대소 별채 현관에 출발자들이 집결하는데, 잠시 틈을 타 답사자료를 확인하고자 리선생에게 물었다.

"리선생, 진파리 무덤들은 내부구조가 대개 돌간흙무덤이죠?"
"네, 그렇습니다. 석실봉토분(石室封土墳)입니다."
"천장 구조는 삼각고임으로 되었겠죠?"
"네, 말각조정법(抹角操井法)입니다."

이런 식으로 얘기하고 있자니 중앙일보사 통일문화연구소 식구들과 조선 아태평화위원회 사람들은 곁에서 들으면서 "문화유산 쪽은 민족 화합이 아주 잘되는구먼" 하면서 기쁜 웃음을 던졌다. 아무리 체제가 다르고 사는 방식과 언어에 차이가 생겼더라도 서로 상대방을 이해할 마음만 있으면 얼마든지 통하는 것이 민족이고 남북관계인 것이다.

동명왕릉의 능사, 정릉사

동명왕릉은 평양시 외곽, 력포(力浦) 구역 룡산리(龍山里)에 있다. 자료집에 따르면 평양 동남쪽 22㎞ 떨어진 지점, 재령산 서쪽 줄기의 구릉 위에 있다고 되어 있다. 그런데 진파리 무덤떼도 룡산리에 있는 것으로 나와 있어서 뭔가 이상해 리선생에게 물었더니 웃으면서 대답한다.

"동명왕릉이 진파리 무덤떼 중 하나로, 진파리 제10호분입니다. 옛날에는 거기가 평남 중화군(中和郡) 진파리였는데, 행정구역이 바뀌면서 력포 구역 무진리라고 부르다가 동명왕릉을 개건하면서 또 이름을 바꾸어 룡산리가 된 것이지요. 진파리 · 무진리 · 룡산리는 다 같은 곳입니다. 진파리의 20여 기 무덤 가운데 몇 개는 동명왕의 신하를 모신 딸린무덤(陪塚)이라는 설도 있습니다."

이래서 답사가 중요한 것이다. 책상머리에서 책으로만 보고 외운 것과 현장에서 발로 익힌 것의 차이는 이렇게 크다.

평양 시내를 벗어나 평양~원산간 고속도로를 올라타니 중화들판을 가로질러 곧게 뻗은 도로에는 눈앞에 거칠 것이 없다. 벌써 두번째 지나는 길인데도 눈에 닿는 것마다 새롭게 느껴진다. 차창 밖으로는 들판 너머 산자락 아래로 농가들이 머리 머리를 맞대고 정겨운 마을 마을을 이루고 있는 것이 1950년대의 흑백 활동사진 장면처럼 스쳐간다. 나는 창문을 열어제치고 제법 차가운 마파람을 마다하지 않고 북녘 산천의 공기를 온몸으로 들이마셨다. 그렇게 10여 분쯤 달렸을 때 도로 한쪽으로 '동명왕릉 3㎞'라는 이정표가 나왔고 우리는 이내 동명왕릉에 도착했다.

동명왕릉 주차장에 도착해 차에서 내려 관람객 진입로를 돌아서자 길가에 작은 비석 하나가 곱상한 연꽃무늬 돌받침 위에 얹혀 있는 것이 보였다. 조선시대에 세운 하마비(下馬碑)였다. 유물에도 팔자가 있다는 것이 평소 내 생각이었는데, 이 하마비는 오늘날까지 용케도 살아남아 별 수 없이 하차비(下車碑)가 되었다. 그렇다면 저기 씌어 있는

정릉사

정릉사 뒤쪽에는 배수로가 원상대로 잘 남아 있다. 멀리 우물이 보인다.

'대소인원 개하마(大小人員 皆下馬)'를 이제는 '대소인원 개하차'로 하고 '높은 사람 낮은 사람 할 것 없이 모두 다 차에서 내려라'로 번역해야겠다.

동명왕릉 입구 오른쪽으로는 정릉사라는 새 절이 있다. 옛날 동명왕릉의 능사(陵寺)로 세웠던 고구려시대의 절간을 복원해놓은 것이다.

정릉사는 동명왕의 명복을 빌고 동명왕릉을 지키기 위한 나라의 원찰(願刹)이었다. 조선 정조대왕이 아버지 사도세자의 무덤을 수원에 옮기고서 세운 용주사(龍珠寺)와 비슷한 관계이다. 그래서 정릉사는 여느 절과 격이 달랐다. 그러나 정릉사는 바로 그런 이유로 고구려의 멸망과 함께 퇴락의 길로 떨어질 수밖에 없었다.

통일신라시대로 넘어가면 고구려·백제의 모든 절집은 위기를 맞게 된다. 한갓 변방의 절간으로 전락한 것도 있고 한편으로는 나라를 잃은 유민들이 부흥운동을 일으킬 소지가 있는 '위험한' 곳으로 과감히 폐쇄조치를 했으리라는 것이 역사가들의 추측이다. 그런 중 통일국가의 정통성을 확립하기 위해서는 고구려의 이미지를 제거해야 했으니 정릉사가 무사할 수 없었을 것이다. 그래서 정릉사는 일찍 폐사(廢寺)되었고, 지금 우리는 정릉사에 관해 아무 기록도 갖고 있지 못하다.

그러나 역사를 복원하는 것은 꼭 문자로 기록한 것에만 의존하는 것이 아니다. 그때 사용하던 유물을 보면 우리는 그 삶의 내용과 정신과 정서를 어느 정도는 찾아낼 수 있다. 그것이 고고학과 미술사의 임무이다.

그렇다고 땅 속에서 거창한 유물이 나와야만 그것이 가능한 것도 아니다. 때로는 다 바스러진 기왓장 하나, 동강난 사금파리 하나로도 가능한 때가 있다. 그것은 고고학과 미술사의 자랑이다.

정릉사의 존재가 확인되고 지금 그것을 복원할 수 있게 해준 근거는 1974년 발굴 때 절 뒤편 우물에서 '능사(陵寺)' '정릉(定陵)'이라고 씌어진 질그릇 파편이 나왔기 때문이다. 이 하잘것없는 질그릇 조각이 여기가 정릉사 자리이고, 저 위쪽 커다란 봉분의 무덤이 동명왕릉이라는 사실을 입증해준 것이다. 깨진 질그릇 파편 하나가 이 중요한 사실을 알려주고, 이 엄청난 대역사(大役事)를 일으켰던 것이다. 그것이 고고학과 미술사의 위대함이다.

정릉사터의 엄정한 비례관계

정릉사는 전형적인 고구려식 가람배치를 하고 있던 것으로 밝혀졌다. 정릉사는 한 차례 창건으로 끝난 것이 아니라 여러 번 증축과 개축을 했던 모양인데, 결론적으로 처음에는 사당(祠堂)으로 출발해 능사로 승격되고 아울러 왕실의 별전(別殿)이 부속건물로 세워졌으며 나중에는 다시 사찰로 환원된 것으로 추정되고 있다.

그래서 정릉사터 주춧돌의 배열상태는 매우 복잡하고 아주 넓다. 크게 다섯 구역으로 나뉘며 확인된 건물만도 18채, 회랑(回廊)이 10개, 총면적 약 9천 평이 된다. 경주 황룡사터와 비슷한 면적이다.

그러나 지금 복원해놓은 정릉사는 그 중 가장 핵심적인 공간, 그러니까 탑을 중심으로 한 기본 골격만 세운 것이다. 그것은 우리가 알고 있는 전형적인 고구려식 가람배치이다.

절간 건축의 최소한 기본요소인 중문(中門)·탑·금당(金堂)·강당을 남북 일직선의 축선상에 두고 울타리를 회랑으로 두른 것은 고구려·백제·신라가 마찬가지였다. 그러나 고구려는 탑을 중심으로 하여 금당을 동서로 두 채를 더 배치해 1탑 3금당으로 힘을 주었다. 탑을 끼고 디귿자로 돌았다고 해 회탑식(回塔式)이라고 한다. 이는 평양 청암리의 금강사(金剛寺)터와 기본을 같이하는 것이다.

이에 반해 백제의 절간은 부여 정림사터가 말해주듯 남북 축선상에 건물을 배치하는 것말고는 아무런 수식이 없다. 그래서 단순함을 멋으로 승화시키는 세련된 감각이 살아 있다. 또 신라의 절은 경주 황룡사 터가 보여주듯 1탑 3금당식인데, 병렬식으로 늘어놓고는 나중에는 종루와 경루를 추가해 매우 화려한 감각을 구사했다. 삼국의 미술은 이처럼 절간배치에도, 왕릉 무덤무지에도, 기왓장 무늬에도 달리 나타났으니 이런 것을 우리는 문화의 차이라고 한다.

그 가운데 절간 건축에서 고구려적인 정서와 힘의 미학이 가장 잘 나타나는 것은 엄격한 비례이다. 금당 전체 대지의 가로, 세로 길이는 1자=35㎝ 되는 고구려자를 단위자로 해서 측량하면 220자 : 220√2자가 된다. 이는 황금비례(또는 금강비례)에 맞춘 것으로 정릉사뿐만 아니라 금강사에도 그대로 적용된 것이다.

또 건축군의 평면은 대체로 일정한 크기를 기준으로 하여 정해졌다.

정릉사 평면도
정릉사의 가람배치는 엄격한 기하학적인 원리에 입각하였기 때문에 단위기준에 따른 정연한 비례식이 성립된다. 자

그 크기의 단위 기준은 탑 한 변의 너비였다. 탑 한 변의 너비를 기준으로 하여 재어보면 탑에서 문까지의 거리, 동·서 금당까지의 거리, 금당의 계단까지의 거리가 그것과 일치한다.

여기서 다시 각 건축물들이 떨어져 있는 상호간의 거리를 보면 그것도 도식으로 연결된다. 금당터의 남쪽 면을 밑변으로 하는 정3각형을 남쪽으로 향하도록 그리면 그 정점은 탑터의 중심점과 일치한다. 탑의 8각 평면은 이 점을 중심으로 하여 전개되었으며, 또한 이 점을 중심으로 금당터 계단 남쪽 변까지의 거리를 반경으로 하는 원을 그리면 문터와 동금당·서금당 터의 안쪽 면이 이 원에 접하게 된다.

이처럼 기하학적인 원리에 기초하여 아름다운 도형을 평면 구성과 공간 운영에 반영했다는 것은 곧 고구려의 문화능력과 정서를 동시에 보여주는 것이다.

그러나 복원된 정릉사에서 나는 고구려 절간 건축의 이 탁월한 비례 감각을 맛볼 수 없었다. 복원된 정릉사는 중앙의 8각7층탑을 목조건축으로 세우지 않고 석탑으로 대치하는 바람에 마스터 플랜의 기본축이

정릉사 출토 질그릇
우물에서 발견된 질그릇 파편에는 '능사(陵寺)' '정릉(定陵)' 등의 글씨가 새겨 있어 여기가 정릉사였음을 증언해주고 있다. 자

흔들려버린 것이다. 복원이란 정확하게 하지 않으면 무의미한 것이다. 이것은 큰 유감이었다.

나는 본래 유물의 복원이나 복원된 유물에는 큰 관심이 없다고 늘 말해왔다. 내 주장이라는 단서 아래 현대사회가 할 일은 창조이지 과거의 복원이 아니라고 주장했고 유물과 유적은 보존하는 것이 중요하며 복원은 일종의 파괴라는 말까지 해왔다. 사실 그것은 지금 우리 문화능력으로는 이처럼 정확한 복원이 이루어지지 않기 때문에 해온 얘기이다. 그럴 능력이 생길 때까지 우리는 기다려야 하며, 한편으로 우리는 모름지기 폐허의 주춧돌과 기왓장까지 사랑하는 마음으로 역사의 상처를 껴안고 살아야 한다.

고구려 유물의 고구려식 정서

나는 나의 유감스런 표정을 드러내지 않으려고 얼른 복원된 정릉사 경내를 나와버렸다. 정릉사 뒤켠으로 돌아나오니 발굴 보고서에서 본 우물이 있다. 그 '위대한' 질그릇 파편을 부둥켜안고 1천 년을 견뎌온 정말로 위대한 우물이다. 장방형의 넓적한 화강암을 정8각형으로 빈틈없이 이를 맞추어 우물턱을 올렸는데 그 비례도 아름답지만 튼튼한 시공에서 더 큰 미(美)를 느끼게 된다. 견고미라고나 할까.

우물가에는 돌 잘 다루던 고구려 사람들이 성(城)돌처럼 가지런히 쌓은 물도랑도 있고, 그 옆으로는 신기하게도 온돌자리가 굴뚝터와 함께 남아 있다. 잔디밭에는 동그랗고 네모나고 또 막돌로 야무지게 다져놓은 주춧돌이 한낮의 태양 아래 밝게 빛나고 있었다.

우물가에는 질박한 고구려 전돌들이 두툼하게 깔려 있어 고구려의 정서가 어떤 것인가를 유감없이 보여준다. 전돌들은 좌우로 요철(凹凸)이 혹은 파여 있고 혹은 나와 있어서 맞대면 이가 꽉 맞게 된다. 그런 견실성이 바로 고구려적이다. 우물 안에는 상기도 샘이 솟고 있었다.

절간 뒤뜰에는 승방이 있었을 자리 부근에서 온돌구조의 집터와 함께 견실한 구조의 우물이 발견됐다.
복원된 정릉사의 회랑과 금당은 그럴듯하지만, 높이 솟아 있었을 8각9층목탑이 복원되지 않아 장중한
고구려 절맛은 느끼기 어렵다.

 우물 뒤쪽을 바라보니 언덕 아래쪽으로 키 작은 대추나무 한 그루가
서 있었다. 나는 대추나무 그늘에 앉아 잠시 휴식을 취했다. 우물 한번
쳐다보고 하늘 한번 쳐다보기도 했고, 온돌 한번 쳐다보고 도랑 한번
쳐다보기도 했다. 그러고 있으려니 대구에 있는 나의 제자들과 서울에
있는 답사회 회원들이 생각났다.

 돌이켜보건대 내가 그동안 답사를 다니며 나의 제자와 회원들에게
안내한 곳은 조선시대, 고려시대, 통일신라시대, 신라시대, 백제시대,
가야시대 그리고 청동기시대 유적들이었을 뿐 고구려시대 답사는 아

주 드물었다.

그런 생각이 있기에 충주 중원의 고구려비와 단양 영춘의 고구려 산성인 온달산성을 곧잘 답사 일정에 넣곤 해왔다. 그런 것으로 고구려의 기상과 멋을 느끼려 했고, 딴에는 그런 노력으로 뭔가 했다는 생각도 없지 않았다. 그러나 내 지금 이 정릉사의 뒤편 우물가에 앉아 저 힘있게 다듬은 고구려 석공의 손길을 생각하자니 그동안 내가 체감해보려던 고구려 분위기란 정말로 보잘것없는 것이었다. 나는 내 곁에 나의 제자와 회원들이 없는 것이 너무도 허전하게 느껴졌다.

말없이 절간 뒤편으로 빠져나와 이 외진 나무 그늘에 마냥 앉아 있으려니 리정남 선생이 나를 찾아와 정겹게 말을 건다.

"교수 선생, 여기 계셨습니까. 아까 뒷문으로 나가시는 걸 보았지만 다른 분들께 정릉사를 설명해드리느라고 늦었습니다. 교수 선생께야 정릉사에 관해 설명드릴 게 뭐 있겠습니까. 그래 어떻습니까? 돌아가셔서 글 쓸 만하십니까?"

나는 리선생의 진지하면서도 편안한 물음에 웃음을 얹어 대답했다.

"쓸 만하고말고요. 다른 건 몰라도 저 고구려의 정서와 체취를 남김없이 반영한 우물만큼은 내가 멋진 예찬의 글을 올릴 겁니다."
"그렇죠. 고구려적인 단순성의 힘이 있죠."

우리는 함께 우물을 다시 한번 어루만져보고는 곧 점심 밥곽이 차려 있는 솔밭 그늘로 걸어갔다.

민족의 영웅 서사시로 다시 살아난 그분

개건된 고구려 시조릉

솔밭에서 즐거운 점심을 먹고 난 다음 우리는 지체없이 동명왕릉을 참관(參觀)했다. 북한에서는 관람·구경이라는 말 대신 꼭 참관이라고 했다. 동명왕릉은 내가 그동안 사진으로 보아온 것과는 엄청나게 달랐다. 대대적인 복원작업으로 능문(陵門)·석등·문관상·무관상·제당(祭堂)·돌범 등이 거하게 배치되어 있었다. 설명이 없어도 조선시대 왕릉을 고구려식으로 재해석한 20세기 유적인 것을 알겠다. 나는 리선생에게 물었다.

　"언제 이렇게 복원했습니까?"
　"1993년 5월 14일에 개건(改建)했습니다."
　"어떻게 날짜까지 다 기억하십니까?"
　"아, 그날이 동명왕의 2,295회 생신날입니다. 왕의 생일이 음력

동명왕릉
근래에 개건하면서 문신석·무신석과 능문을 세웠지만 이는 고구려풍이 아니라 시조릉에 대한 현대적인
예우에서 모셔진 것이다. 능 주위의 늠름한 소나무들이 왕릉의 기품을 한층 살려주고 있다.

4월 1일인 것을 톺아(거슬러) 올라가서 양력으로 찾아낸 것이죠."

나는 언제 복원(復元)했느냐고 물었는데 리선생은 개건했다고 대답
했다. 이것은 매우 중요한 개념이다. 옛 모습대로 살린 것이 아니라 현
재의 입장에서 새로 세운 것이다. 그러니까 능문에서 문신석·무신석
등의 배치가 고구려식이다 아니다를 논할 일이 아니었다.

그러면 왜 북한에서는 동명왕릉을 복원도 아니고 개건까지 했는가?
그것을 내가 이해할 수 있게 된 것은 평양 답사를 마칠 무렵이었고, 그
때는 나의 일방적인 추측으로 민족적 영웅 서사시로 다시 살아난 분에
대한 예우인 줄로만 알았다.

북한에서는 고구려의 건국연대를 『삼국사기』에 나오는 기원전 37년보다 240년 앞선 기원전 277년으로 보고 있다.

그 근거는 『삼국사기』에 광개토대왕은 추모(주몽)왕의 12세손이라고 되어 있지만 광개토대왕비에는 17세손으로 명백히 기록되어 있고, 이것을 중국 쪽 사료들과 비교해볼 때 연나라 멸망(BC 222) 이전 진(秦)나라와 교류가 있었다는 점과 중국 기록에 존속기간이 1천 년이라 한 것을 감안한다면 60간지를 네 번 톺아 올라가야 맞다는 것이다.

그리고 이 무덤을 동명왕릉으로 추정하는 것은 왕릉으로서의 무덤 구조를 하고 있고 금관편이 발견되었고 벽화에는 왕의 옷색인 붉은 자색(안악3호무덤 주인공의 옷도 같은 색이다)이 바탕을 이루며, 정릉사가 발견된 점에 근거하고 있다. 그래서 평양 천도와 함께 시조의 묘를 이장해온 것으로 보며 그것은 우리의 고유한 조상숭배사상에 근거한 것이라고 했다. 남한 학자들이 동의하든 안 하든 그들은 나름대로 논리와 근거를 갖고 있었다.

동명왕릉에는 시조의 능다운 위용과 고구려 고분다운 힘이 있었다. 선입견이 아니더라도 부여 능산리의 아담한 고분, 경주 서악동의 화려한 고분과는 달리 굳세어 보였다.

단조로운 구성으로 별 치장이 있을 수 없는 무덤무지 같지만 축대를 쌓은 것을 보면 돌 윗면에 턱을 주어 윗돌이 밀려나지 않게 했고, 위쪽으로 각도를 조금씩 좁혀 쌓아 튼튼하고 강인해 보인다. 거기에다 봉분이 그냥 둥근 게 아니라 네모뿔로 올라가는 직선의 맛이 있고, 그냥 직선이 아니라 정상에서는 제법 온화한 느낌이 나도록 둥글게 마무리했다.

여기에다 왕릉다운 권위를 위함인지 무덤무지 사방으로는 5m 폭의 강자갈을 널찍이 깔아 기품 있는 분위기가 더욱 살아난다. 한마디로 고구려 맛이 나게 축조되었다. 기단의 한 변 길이가 31m이고 봉분의 높이는 11.5m이니 규모가 대단하다고 아니할 수 없다.

특히 동명왕릉은 고구려의 대표적인 세 가지 무덤 형식을 모두 갖추었다. 본래 퉁거우(通溝)의 지안(集安)에 있던 왕릉을 평양으로 천도하면서 옮겨왔기 때문인지 퉁거우의 돌각담무덤(積石塚)과 평양의 돌간흙무덤 형식이 복합되었다. 그래서 동명왕릉의 외형을 보면 돌각담무덤식으로 3단의 정방형 돌축대를 쌓고 그 위에 봉분을 만들었다. 그리고 내부에는 벽화까지 있는 벽화무덤이다. 이런 식의 고구려 무덤은 용강큰무덤(龍岡大墓)말고는 없다.

동명왕릉의 재조사

1970년대 초 동명왕릉은 내부구조가 다시 조사되었다. 이때 벽면을 덮고 있던 석회를 씻어내리면서 벽화가 발견되었다. 벽화는 지름 12cm의 연꽃무늬를 4.2cm 간격으로 해 사방연속무늬로 무려 600여 개를 덮은 것으로 발굴 보고서는 전하고 있다. 무늬의 바탕은 보라색이고 연꽃은 붉은 자색이었다고 한다. 얼마나 고왔을까. 나는 리선생에게 물어보았다. 리선생은 아주 정확하게 대답했다.

"동명왕릉 벽화가 언제 발견됐죠?"
"1974년 1월 23일이지요. 제가 김일성대학 졸업하고 맨 먼저 발굴에 참가한 것이 여기였습니다. 그때 우리가 연꽃 그림 104개를 찾아냈지요. 그래서 이것을 사도지(트레이싱지)에 옮겨 그리고 사귐점(모서리)마다 연꽃을 복원해보니 641개가 되는 것이었습니다. 참 보람 있었습니다."

나는 리선생의 발굴 얘기를 들으면서 왕릉의 모습을 꼼꼼히 살펴보았다. 그런데 아무리 보아도 그동안 사진으로 보아온 봉분보다 많이 큰 것 같아 리선생에게 조심스럽게 물었는데 대답은 예상 밖으로 간명했다.

"봉분이 내가 사진으로 보아온 것보다 많이 큽니다."

"네, 맞습니다. 복원하기 전에는 높이가 8.5m, 지름이 22m밖에 안 됐단 말입니다. 그런데 '위대한 수령님'께서 1,500년 동안 비바람에 깎여 이만한 크기가 된 것이니 본래 크기는 얼마만한 것이었나

동명왕릉 벽화
동명왕릉 내부에는 641개의 연꽃 그림이 벽화로 장식되어 있다. 저

계산하라고 교시하셨습니다. 그래서 학자분들이 과학적으로 계산해 낸 결과 높이 11.5m, 지름 31m가 원래 크기였다는 계산에 도달하 게 되었습니다."

그때 과학자들이 날씨의 변화를 과학적으로 타산해보느라고 참으로 고민도 고생도 많았으리라는 생각이 절로 났다.

나는 왕릉에서 조금 멀리 떨어져 여유있게 관찰하고 싶어 솔밭 그늘 로 들어갔다. 사실 내 생각에 동명왕릉에 기품과 권위를 부여해준 것 은 구릉의 크기와 높이보다도 이곳 진파리 언덕의 솔밭이었다. 동명왕 릉 주위로는 해묵은 노송이 숲을 이루고 있다. 안내원 설명으로는 모 두 1,600그루이고 수령은 400~500년이란다. 게다가 왕릉을 둘러싼 소나무들은 햇볕을 조금이라도 더 받으려고 가지를 왕릉 쪽으로 시원 스레 뻗치고 줄기까지 기울이고 있으니 소나무들이 왕릉을 향해 절 을 하는 듯한 인상을 준다. 이는 마치 군신이 왕에게 읍(揖)하는 형상 이다.

답사를 다니면서 나는 아름다운 솔밭을 참 많이 보았다. 경주 남산 의 삼릉계, 청도 운문사 계곡의 솔밭, 풍기 소수서원의 진입로, 밀양 낙동강변의 긴 늪숲, 평해 월송정의 해송밭, 봉화 반야계곡의 춘양목 자생지, 영월의 장릉 솔밭⋯⋯. 내 아직 금강산과 백두산 홍송림은 못 보았지만 진파리 솔밭은 그 어디에도 뒤질 것 없는 연륜과 넓이와 품 격을 갖추고 있다. 그것은 동명왕릉 못지 않은 거대한 유산이었다. 나 는 솔밭에 앉아 리정남 선생과 편하게 얘기를 나누었다.

"발굴할 때 여름엔 모기 때문에 고생이죠?"
"말도 마십시오. 북조선 모기는 아주 셉니다. 그래서 텐트에서는 향을 피워도 소용없으니까 아예 무덤 속으로 들어가서 잘 때도 많았

어요. 처음엔 무서웠지만 조상님 무덤이라고 생각하면 귀신이라는
느낌이 없어졌어요."

"북한에서 고주몽의 전기는 널리 읽히나요?"

"물론이죠. 아동 만화영화로 「소년장수」 50부작이 있어요. 초대
소에 가서 비데오로 한번 보시죠. 남쪽에서는 어떻습니까?"

"학자들은 매우 중요하게 생각하고 있기는 한데 아직 대중적인 성
과는 없습니다."

"남조선 학자분들은 고주몽을 어떻게?"

민족영웅 서사시 「동명왕편」

동명왕에 관한 설화는 『삼국사기』와 『삼국유사』에 서로 내용을 약
간씩 달리하여 나온다. 그러나 동명왕의 전설이 역사 속에 다시 부상
하는 것은 이규보(李奎報)의 「동명왕편(東明王編)」 이후이다. 5언시
(五言詩)로 무려 282구(句)나 되는 이 장편 서사시가 지닌 민족문학사
상의 의의는 이미 이우성(李佑成)·장덕순(張德順) 선생에 의해 소상
히 규명된바, 민족적 영웅 서사시의 등장인 것이다.

지금 나는 이 장편 서사시를 여기에 전부 옮기지 못한다. 다만 그 내
용을 간추리자면, 하늘에서 내려온 해모수의 아들이며 하백(河伯)의
외손자인 주몽은 아버지를 잃게 되자 어머니가 금와왕(金蛙王)에게 의
지해 사는 바람에 마구간 일이나 하며 구박받고, 활 잘 쏘는 것도 시기
받으며 살았다. 어머니는 주몽을 도망시키려고 준마의 혓바닥에 바늘
을 꽂아 굶게 하였고 말이 비쩍 말라 쓸모없게 되자 예상대로 주몽의
차지가 되었다. 주몽은 준마를 다시 살찌워 이를 타고 어머니와 이별
하여 오이·마리·협부 세 사람과 함께 떠났다. 엄호수에서 추격병에
게 몰렸을 때 물고기와 자라가 다리를 놓아주었고 모둔곡에서 재사·
무골·묵거 세 사람을 얻었으며 마침내 그는 졸본에 도읍을 정하고 나

라 이름을 고구려라 했다. 스스로 성은 고씨라 했으니, 이때 고주몽의
나이 22세였다.

이 이야기를 이규보가 영웅 서사시로 써서 세상 사람들에게 다시 읽
힌 이유는 무엇이었을까? 그것은 이규보 자신이 그 서(序)에 명백히
밝혀놓았다. 그는 1193년 4월 어느 날 김부식이 『삼국사기』를 쓰면서
원전으로 삼았던 『구삼국사(舊三國史)』를 보니 이 이야기는 "환(幻)이
아니라 성(聖)이요, 귀(鬼)가 아니라 신(神)이었다"며 이렇게 말했다.

동명왕의 일은 변화가 신이(神異)한데 이는 사람들의 눈을 현혹하
자는 것이 아니라 실로 나라를 처음 일으킨 신성한 자취이니 이것을
서술하지 않으면 후세들에게 장차 무엇을 보게 할 것인가. 그러므로
내 시를 지어 기록하니 우리나라가 본래 성인(聖人)의 고장임을 천하
에 알리고자 한다.

민족의 자존심과 자긍심은 이러한 문학적 노력과 성과에 의해 길러
지고, 그렇게 자란 후손들의 건강하고 굳센 민족정신은 뒤이어 닥치는
몽고와의 30년에 걸친 피눈물나는 전쟁에서 언제나 민족혼으로서 살
아났음은 역사가들이 말하지 않아도 알 일이다.

리정남 선생이 다시 물었다.

"학자들이 그렇게 중요하게 인식하고 있는데 왜 대중적 호응을
못 얻었나요?"

순간, 나는 아찔했다. 그것이 남한 학계의 고질적인 병폐 가운데 하
나임이 분명하다. 하지만 그렇다고 대답할 수는 없는 일이고, 꼭 그런
것만도 아닌 것 같았다. 나는 잠시 생각 끝에 대답했다.

"여러 이유가 있겠습니다만, 남쪽에서는 고구려나 고주몽의 실체에 대한 감이 약합니다. 그것은 북쪽에서 신라와 김유신에게 갖는 상대적인 거리감 같은 것이겠죠. 그래서 역사의 현장이란 과거의 현장일 뿐만 아니라 현재의 현장이기도 한 것 아니겠습니까."

우리는 후손들에게 올바른 역사관과 민족혼을 심어주기 위해서라도 빨리 남북의 왕래가 이루어지고 통일이 되어야 한다고, 말을 맞추고 가슴을 맞추고는 일어났다. 그리고 진파리의 다른 옛 무덤들을 보러 솔밭 안쪽으로 걸음을 옮겼다.

아름다운 인생을 축복하는 벽화

소나무가 그려 있는 벽화무덤

동명왕릉 둘레의 산 언덕에는 20여 개의 고구려 무덤이 산재해 있다. 미술사에서는 여기를 진파리 무덤떼(眞坡里 古墳群)라 부른다. 모두 돌간흙무덤이며 안길(羨道)과 안칸(玄室)으로 이뤄진 외칸무덤(單室墓)이다. 시기적으로는 평양으로 천도한 5세기 초부터 6세기에 걸쳐 있다. 그 중 14개는 동명왕릉이 이장되면서 함께 옮겨온 개국공신들의 딸린무덤이라는 설이 있으나 확실하지는 않고, 진파리 고분의 명성을 드날리게 해준 것은 제1호분과 제4호분의 벽화이다.

일제시기에 발굴되어 지금 서울의 국립중앙박물관에도 모사본이 전시되어 있는 진파리 고분벽화에는 참으로 특이하게도 소나무 그림이 아주 서정적으로 그려져 있다. 특히 제1호분 북쪽 벽에 그려진 한 쌍의 소나무는 그 자태가 아주 어여쁘고 늠름한데, 하늘에는 아름다운 인동(忍冬) 당초가 바람결에 흩날리고 있어 더욱 환상적이다.

한마디로 고구려 고분벽화, 나아가 한국미술사에 빛나는 한 폭의 명화이다. 그래서 진파리 고분을 답사한다는 것은 비록 지금은 밀폐되어 벽화를 볼 수 없다 할지라도 이 명작의 현장에 가본다는 사실 하나만으로도 큰 의의와 기쁨을 가질 수 있는 것이었다.

그런데 신기하게도 내 지금 진파리 언덕에 오르니 진파리 고분벽화에 나오는 소나무처럼 멋진 소나무들이 숲을 이루고 있는 것이 아닌가. 이것을 과연 우연이라고 해야 할 것인가. 지금까지 발견된 85개의 고구려 고분벽화 가운데 유독 진파리 고분에만 소나무 그림이 있는 것을 우연으로 돌리기에는 너무도 인연이 깊어 보인다.

동명왕릉과 진파리 고분을 안내해준 이는 리명화 강사였다. 그녀는 내가 답사길에 만난 10여 명의 안내원 중 가장 학식이 깊어 보였다. 나이는 28세에, 세대주(남편)는 의사라고 했다.

나는 진파리 솔숲과 한 몸이 되고 싶어 콧바람 소리까지 내며 있는

진파리 솔밭
진파리 고분떼가 있는 언덕자락에는 아름다운 솔밭이 펼쳐져 있어 그윽한 공원의 분위기가 살아나고 있다.

대로 깊이 숨을 들이켜보고, 더없이 포근한 감촉으로 느껴지는 솔잎을 사뿐히 밟으며 오솔길을 다 걷도록 안내 강사의 얘기를 들었다.

옛날에 이 언덕에는 소나무가 더 우거졌는데 고을 관리가 잘못해 산불을 냈다는 것이다. 화가 난 평안감사는 이 관리에게 멀리 제주도까지 가서 소나무를 옮겨다 심어놓으라는 벌을 내려 일부러 제주도 소나무를 가져왔다고 한다. 그래서 이 아래쪽 솔밭에는 해송(海松)이 가득하다는 설명이다. 그러고 보니 제주도 삼성혈의 해송밭에서, 그리고 평해 월송정이나 강릉 경포대에서 보던 그런 소나무들이었다. 나는 얘기를 들은 값으로 정겹게 말을 당겨보았더니 그 대답이 더욱 그윽하였다.

"명화 동무 그 말을 믿으세요?"
"얘기가 재미있고 교육적이지 않습니까? 과학적으로 설명하자면, 벌방지대에는 해송이 잘된답니다."
"야! 그 해석이 더욱 멋있습니다. 명화 동무는 최고 가는 강사입니다."

내가 이렇게 입바른 칭찬을 하자 안내 강사는 순발력 있게 받아친다.

"앞놓고 평가하는 걸 뭐라 못하겠는가."

사람 앞에 놓고 칭찬하는데 무슨 칭찬인들 못하겠느냐는 말이다. 북한에 와서 내가 놀란 사실 가운데 하나는 이곳 여성들의 대화 유머감각이었다. 농담하는 말재간이 보통이 아니다. 내가 어떤 식으로 농을 던져도 화내거나 앵돌아지는 일 없이 이렇게 여유있게 넘긴다.

진파리 제1호 무덤 벽화
고구려 고분벽화의 역사에서 독특한 위치를 차지하고 있는 벽화로, 바람에 흩날리는 꽃잎과 소나무가 고구려적인 서정을 남김없이 보여준다. <u>자</u>

제4호는 평강 공주, 제1호는 고흘 장군

안내 강사가 스무 개의 무덤 중 어느 쪽으로 가고 싶냐고 묻기에 벽화가 그려져 있는 제1호와 제4호분을 보고 싶다고 했더니 저 동쪽 끝이 제1호분이고 제4호분은 바로 모서리 돌아 있단다.

언덕받이에 편안히 앉아 있는 아담한 크기의 제4호분은 아침 햇살을 받아 무덤무지가 말갛게 빛나면서 따뜻한 정감마저 느끼게 한다. 그런데 제4호분은 놀랍게도 온달 장군과 평강 공주의 무덤이라고 안내판에 씌어 있었다. 또한 안내문에는 온달의 이야기는 고구려 사람들의 전투적인 기상과 함께 계급보다도 무술이라는 능력으로 사람을 평가한 사회였다는 해설이 써 있었다.

이 아름다운 벽화무덤이 아름답게 살다 간 온달 장군과 평강 공주의 무덤이라는 것이 반가웠다. 나는 온달 얘기는 시덥지 않은 옛날얘기로만 알고 있다가 바보 온달 이야기의 주인공은 온달이 아니라 평강 공주라는 호암 문일평 선생의 글을 읽고 큰 깨우침과 감명을 받은 적이 있다. 그런 시각에서 보면 평강 공주는 아주 진보적이고 평민적이고 영웅적인 왕녀였다.

이 이야기는 바보 남편에 장님 시어머니를 모신 지극한 사랑, 끝까지 신의를 지키는 믿음의 사회, 자기 능력을 극대화시키는 인간적 성실성, 바보 남편을 전쟁 영웅으로 보필하는 훌륭한 아내, 나라를 위해 목숨을 바치는 애국심, 그리고 처연히 저 세상으로 떠나는 대범한 죽음의 관념, 거기에다 최고의 지배층과 최하의 평민이 만나는 사회적 일체감을 다른 사람 아닌 평강 공주를 통해 나타냈다는 것이다. 그러니까 고구려 사람들은 요즘 영국인들이 다이애나 왕세자비를 사모하듯 평강 공주를 기렸다는 얘기였다.

나는 안내 강사에게 제1호 무덤까지 가고 싶다고 했다. 진파리 무덤떼를 두루 훑어보고도 싶었고, 진파리 솔밭을 더욱 오래 걷고도 싶었

진파리 제4호 무덤
일명 평강 공주와 온달 장군의 무덤으로 전해지는 이 무덤에도 소나무가 그려진 벽화가 있다. 자

지만 무엇보다도 벽화로 치자면 제1호분이 고구려 벽화 가운데서도 압권으로 손꼽히는 명작이니 어찌 그냥 지나칠 수 있겠느냐는 애틋한 마음에서였다. 특히 제1호분의 소나무는 바람에 가지가 흔들리는 모습을 그리면서 소나무는 바로 세워 그려놓고, 꽃잎이 흩날리는 것으로 강력한 동세(動勢)의 바람을 나타내는 데 성공한, 우리나라 최초의 고대 산수화이다. 그런데 안내 강사는 이 무덤을 애국적 또는 군사적인 견지에서 힘차게 설명한다.

"제1호 무덤은 고구려 영양왕 때인 551년 9월 돌궐족이 쳐들어왔을 때 요동의 백암성(白巖城)에서 군사 1만을 거느리고 본때 있게 격퇴시킨 고흘(高紇) 장군의 무덤입니다."

안내 강사가 이렇게 열심히 설명하는데 내가 소홀히 듣는 태를 낼 수도 없고 그렇다고 추임새를 넣을 수도 없어 무심코 반문 하나를 던졌는데, 대답은 의외로 진지하고 내용은 매우 값진 것이었다.

"그렇군요. 그런 씩씩한 장수의 무덤인데 벽화는 왜 솔밭에 꽃잎이 흩날리는 여성적인 그림을 그렸을까요?"
"그것은 백화가 만발하고 시원한 바람에 오색구름과 꽃보라가 날며 향기로 가득찬 리상적인 세계로 피장자를 인도해가려는 념원이 담겨 있는 것입니다. 고구려 사람들에게는 아름답고 리상적인 천상 세계인 '천수국(天繡國)'에 대한 신앙이 있었는데 이 무덤 벽화는 바로 그 '천수국'을 형상화한 것입니다. 특히 이 벽화는 모든 그림이 실제로 움직이는 듯한 느낌을 강하게 줍니다. 이것은 용감하고 진취적인 고구려 사람들의 씩씩한 기상이 벽화에 그대로 반영되었기 때문입니다."

북한에 와서 놀란 것 가운데 또 하나는 바로 각 유적지의 안내 강사들이 전문적인 얘기를 아주 대중적으로 풀어가는 자세였다. 물론 그들은 전문가가 써준 것을 외어 옮기는 것이다. 특히 명화 동무는 리정남 연구사에게 배운 제자여서 이날 선생 앞에서 모처럼 성숙한 모습을 한껏 뽐낸 것인지도 모른다. 그러나 이미 선생에게 배운 지식을 자기 것으로 소화하지 못했으면 그렇게 봄누에 실 뽑듯 뽑아내지는 못했을 것이다.

평행삼각고임 천장의 묘

그런 생각에 젖어 제1호 무덤을 좀처럼 떠나지 못하는데 안내 강사는 진파리 고분떼 중에서 내부가 공개되고 있는 것은 제7호분밖에 없으니 그걸 보러 가자며 나를 그쪽으로 안내했다. 아마도 내부에 들어가면 놀랄 것이라며 은근히 기대감을 주기도 했는데, 나는 속으로 '벽

진파리 제7호 무덤 내부
평행삼각고임으로 천장이 좁혀지면서 올라간 구조는 고구려의 돌간흙무덤 양식의 중요한 특징이기도 하다. 돌의 이가 조금도 어긋남이 없어 고구려의 뛰어난 건축술을 엿볼 수 있다.

화고분이 아닌 걸 내가 다 아는데 뭐 놀랄 게 있을라고' 하면서도 뭔가 기대되는 바도 없지 않았다. 왜냐하면 진파리 제7호분은 미술사에서 왕관 장식이 출토된 것으로 유명하다. 이제까지 알려진 유일한 고구려 왕관인 이 금동관은 태양을 상징하는 세발까마귀(三足烏)와 힘차게 뻗친 불꽃무늬를 조각해 남한의 미술사 책에는 '금동투각일상문장식(金銅透刻日像文裝飾)'이라고 부르고 있다. 그런데 북한에서는 이것을 아주 쉽게 '해뚫음무늬 금동장식'이라고 표기하고 있다.

제7호분은 사방 3.5m의 좁은 안칸으로 짜인 외칸무덤이다. 그러나 안칸에 들어서니 안내 강사의 예견대로 놀라운 장면이 벌어졌다. 천장이 시원스럽다 못해 통쾌할 정도로 높이 뚫려 있는 것이었다. 바닥부터 무려 6.6m나 되었다.

반듯한 장대석(長大石)을 여섯 단으로 좁혀 들어가다가 평행삼각고임으로 천장을 마무리한 것이다. 그래서 천장은 가운데로 빨려 올라가

진파리 제7호 무덤 출토 왕관장식
지금까지 발견된 두 개의 고구려 왕관장식 가운데 하나로, 해뚫음무늬 표현에서 고구려식 기상을 엿볼 수 있다. 자

듯 높고 길게 느껴졌다. 그 구성은 건축학적으로 매우 견고하게, 미학적으로는 매우 기하학적인 아름다움이 서려 있는 것이었다. 금동관이 나올 만한 귀티가 보였다. 돌들은 이가 꼭 맞게 축조되었고 이음새마다 회를 곱게 칠했다. 솜씨가 훌륭한 것이었을까, 정성이 지극했던 것일까. 나는 넋을 놓고 천장을 바라보며 나갈 줄 모르고 맴을 돌고 있으려니 안내 강사는 자신의 임무를 다하려는 듯 해설을 시작한다.

"반듯한 돌로 무덤칸을 쌓고 그 위에 석회를 제창 매끈하게 발라 곱게 마감했습니다. 천장은 여섯 단으로 평행고임을 해 올라가다가 두 단의 삼각고임을 얹어 매우 높게 만들었습니다."

참으로 아름다운 미술사 용어였다. 나는 차라리 내가 미술사가를 자처하지 말 것을 하는 생각도 들었다. 무덤 밖으로 나와 다시 솔밭을 돌아나올 때 나는 여러 가지로 안내 강사에게 고마운 마음이 일었다. 나는 몇 번이고 면전에서 명화 동무를 칭찬하고 감사의 뜻을 전했다. 답사를 마치고 돌아갈 때 나는 유영구 차장이 선물로 준비해온 스타킹 하나를 얻어 안내 강사에게 건네주었다.

"명화 동무, 고마웠습니다. 이거 별거 아닙니다. 서울서 올 때 스타킹 하나 사왔는데 받아주십시오."
"스타킹이라뇨?"

안내 강사는 부끄러운 듯 선물을 받아쥐고 가만히 포장지를 들춰보더니 가볍게 웃으면서 이렇게 말했다.

"아, 살양말이군요."

호모 에렉투스의 살림터

한반도 최초의 인간이 살던 곳

나의 첫 북한 답사는 1997년 9월 23일부터 10월 4일까지 행해졌
다. 그 중 4일은 묘향산에 다녀왔고 나머지 7일은 내내 평양 지역을
답사했다. 그럴 정도로 평양은 답사의 보고(寶庫)였다. 남한에서 어느
도시가 1주일을 머무르면서 매일 답사를 다닐 만큼 많은 유적을 갖고
있을까. 글쎄, 서울과 경주 정도일 것이다.

우리가 막연히 평양을 생각하면 먼저 고구려의 도읍지로서 남긴 유
적들을 떠올릴 것이다. 그러나 평양에는 그에 앞서 청동기시대의 고인
돌이 즐비하고, 더 거슬러 올라가면 구석기시대의 유적도 여러 군데
발견되었다. 이같은 사실은 평양이 일찍부터 사람이 살기 적합한 자연
조건을 갖추고 있었다는 것을 말해주는데, 구석기시대 유적은 평양에
서 동남쪽으로 약 30㎞ 떨어진 상원군(祥原郡) 일대에 퍼져 있다.

평양에 온 지 닷새째 되는 날 오후, 우리는 상원 '검은모루 유적'을

답사하러 갔다. 검은모루 유적은 상원읍에서 3㎞ 남짓 떨어진 흑우리(黑隅里)의 야트막한 산인 우문봉 남쪽 비탈에 있다.

1966년 도로공사를 하다가 우연히 석회석 채석장이 있던 곳에서 작은 동굴이 발견되었는데 거기에서 29종의 동물화석과 구석기인의 뗀석기(打製石器)가 수습되었다. 동물화석을 정밀 조사해보니 곰·멧돼지·승냥이 같은 수풀지대 짐승과 원숭이·물소·큰쌍코뿔이 등 열대지방 짐승의 뼈도 있었다. 이는 당시 기후가 아열대성이었음을 말해주는 것이었다. 그 가운데 17종은 이미 멸종하여 지구상에서는 사라진 것이어서 우리는 이 유적이 전기 구석기시대, 약 50만 년 전(최근 북한 학설은 100만 년 전) 사람이 살았던 자취임을 알 수 있게 되었다.

검은모루 유적의 발견은 해방 후 북한 고고학계의 최대 성과로, 한반도에도 구석기시대가 있음을 확인한 획기적인 사건이었다. 지금은 남한에서도 경기도 연천군 전곡리, 충남 공주시 석장리 등 30여 곳에서 구석기 유적이 발견되었지만 그때로서는 처음 있는 일이었다.

특히 일제시기에 일본에서 먼저 구석기 유적이 발견돼 그들이 식민사관을 조장할 때 그 점을 항상 강조했던 것인데, 검은모루 유적은 이를 통쾌하게 극복하면서 한국의 역사를 물경 50만 년 전으로 끌어올려놓았다. 그리하여 검은모루 유적은 남북한을 막론하고 한국역사의 첫 페이지를 장식하게 되었고, 나 또한 해마다 맡아 하는 한국미술사 강의에서 첫날 첫번째 슬라이드로 비추는 곳이 바로 이 유적이었다. 그 기념비적인 유적을 영광스럽게도 남한의 학자로서는 최초로 답사하게 된 것이다.

폐허에도 역사의 향기는 있는 법

평양 시내를 벗어나 우리의 차가 평양~원산간 고속도로를 올라타고 거칠 것 없이 달리기 시작하니 차창 밖으로는 가을 들판의 황금빛

검은모루동굴 유적
평양시 상원군 흑우리에서 구석기시대인이 살던 동굴이 발견되었다. 지금은 동굴을 보호하기 위해 막아놓았다. 화살표가 동굴 입구이다.

깔이 한낮의 밝은 햇살 아래 더욱 풍요롭게 빛나고 있었다. 상원들판은 제법 넓어 보였다.

아무리 둘러보아도 주위에는 높은 산이 보이지 않고 낮은 구릉이 부드러운 곡선의 스카이 라인을 그리면서 우리를 편안하게 에스코트해준다. 그렇다고 해서 비산비야(非山非野)의 들판은 아니었고, 왠지 고원지대를 지나는 것처럼 하늘은 넓게 트여 있었다. 이런저런 생각에 젖어 창밖을 망연히 바라보는데 정직한 감성의 안내인 라운석씨가 다짐하듯 묻는 말이 있었다.

"교수 선생, 검은모루에 가면 실망이 클 겁니다. 학생 때 가보았는데, 아무것도 없었습니다. 공연히 북조선 유적은 형편없다고 쓰면 영 야단 아닙니까."

라운석씨의 질문 아닌 질문에는 차분한 성격으로 곧잘 뼈있는 농담을 잘하는 리정남 연구사가 대신 대답했다.

　"운석 동무, 걱정 안 해도 됩니다. 교수 선생의 『나의 문화유산답사기』를 보면 망한 절에 뒹구는 돌을 보고도 폐사지의 아름다움이라고 말하는 분 아닙니까."

그 말에 우리는 한바탕 웃고는 그게 발동을 건 꼴이 되어 모두들 내 답사기에 나오는 웃기는 장면들을 한 소절씩 얘기하며 실없이 떠들게 되었다.

특히 나의 장난기를 놓고 한마디씩 하는데 리정남 선생은 몽촌토성 답사에서 제자에게 돌 양 궁둥이를 만져보게 한 게 재미있었다고 했고, 조명남씨는 에밀레종에서 종 밑으로 기어들어가는 것이 인상적이었다고 했으며, 용강 선생은 딱딱한 문화유산 답사기인 줄 알았는데 '개 소리'가 많이 나와서 재미있었다고 했고, 운석 동무는 내 답사화 (나는 등산화와 운동화의 중간치를 이렇게 부른다)를 보더니 "교수 선생, 그 신이 문경 봉암사에서 질질 끌고 다닌 겁니까?"라는 물음으로 대신했다. 그래서 내가 다시 장난기로 "그렇다면 오늘은 고매한 인품의 학자적인 면모를 보여드리겠습니다"라고 응수해서 모두 다시 한바탕 웃었다. 그런 웃음 속에 우리는 어느새 몇 년 지기처럼 가깝게 느껴졌다. 세상에 어느 나라에 가서 사나흘 만에 이렇게 어우러질 수 있겠는가. 역시 그들은 남이 아니었다.

직립원인의 신체구조는

　상원에서 고속도로를 내려와 시멘트로 포장된 시골길로 접어드니 길은 차 두 대가 비켜가는 정겨운 신작로였다. 가로수로 심은 키 큰 포플러가 두 줄로 달리는데 오른쪽으로는 작은 강이 사뭇 따라붙었다. 대동강의 지류인 상원강이란다. 이윽고 검은모루 우문봉이 나타나자 포플러 가로수는 외줄로 바뀌었고 산모퉁이를 돌아서면서 바로 유적지를 알려주는 입간판이 나왔다.

　모두 차에서 내려 돌계단이 이끄는 대로 산비탈을 올랐다. 입구에는 콘크리트로 학교 게시판만한 크기의 벽화를 그려 여기가 비록 말로 설명할 수밖에 없는 유적지이지만 지금부터 50만 년 전에 직립원인(直

호모 에렉투스의 상상도
평양의 조선중앙력사박물관에 전시되어 있는 이 상상도는 호모 에렉투스의 원상을 충실히 복원한 것으로 평가받고 있다. 자

立猿人), 즉 호모 에렉투스(Homo erectus)가 살던 인류의 최초 유적지 가운데 하나임을 자랑하고 있다.

벽화는 평양 조선중앙력사박물관의 큰 패널에 그려놓은 상상도를 그대로 옮겨놓은 것이었다. 이 상상도는 또 북한에서 간행된 『조선유적유물도감』 제1권에도 그대로 실려 있는데, 우리 학교 문화인류학과의 이청규 교수(고고학)가 영남대 박물관대학에서 강의할 때 슬라이드로 만들어 비추면서 호모 에렉투스를 비교적 정확히 그렸다고 평한 적이 있어 나는 더욱 유심히 보았다.

사실 외국에서도 박물관에서 원시인의 상상도를 설치할 때 호모 에렉투스와 호모 사피엔스를 혼동하는 경우가 많다. 그냥 '털 없는 원숭이'를 그려놓은 것도 보았다. 그러나 이 그림에서는 아직 똑바로 서지 못해 꾸부정하게 걸으면서 두개골은 작고 몸에는 털이 많고 입술은 아직 생기지 않은 것이 우리가 배워 알고 있는 바 그대로 호모 에렉투스의 모습이다. 이런 생각을 하며 벽화에서 좀처럼 떠날 줄을 모르자 라운석 동무가 재촉했다.

"교수 선생, 그만 갑시다. 검은모루동굴에 와서 동굴 있던 데는 안 가고 검은모루만 보고 가렵니까? 이 그림에 뭐 신통한 게 있습니까?"

나는 라운석씨의 그 명랑함에 이끌려 금세 맹세한 학자적인 풍모를 버리고 웃으며 장난을 걸었다.

"운석 동무, 내가 이 그림 옆에 서 있을 테니 나하고 저 검은모루 동굴 사람하고 어디가 다른가 말해봐요."
"그거야 보면 모릅니까? 꾸부정하고 털이 있고, 또 팔이 길군요."

"또?"

"또? 또라뇨? 또 뭐가 있나요?"

"입술이 뒤집어졌습니까, 안 뒤집어졌습니까?"

"입술? 어, 정말 입술을 안 그렸네."

나는 그 정도에서 그치고는 웃으며 라운석씨의 어깨를 잡고 계단을 오르자고 했다. 그러자 운석 동무는 왜 말을 하다가 마느냐며 입술을 왜 안 그렸냐고 다그치듯 묻는다. 그래서 내가 안 그린 게 아니라, 속 입술이 밖으로 뒤집어진 동물은 사람밖에 없는데 직립원인 단계에서는 아직 그것이 형성되지 않았기 때문이라면서 그 이유를 한번 생각해보라고 과제를 주듯 말하자, 운석 동무는 고개를 이리저리 갸웃거리면서 쫄레쫄레 내 뒤를 따라왔다.

뗀석기에는 행위의 목적과 의식이 들어 있다

어느 만큼 오르다 보니 동굴이 있던 빈터에 말뚝이 몇 개 박혀 있었다. 책에서 말하기를 검은모루동굴은 석회암 언덕 남쪽 비탈에 있다고 했는데, 이제 와서 보니 겉으로 드러난 흰 바위는 누가 알려주지 않아도 석회암이었다. 또 동서로 길이 30m, 높이 2.5m의 동굴이라고 했는데 동굴은 보존을 위해 시멘트로 막았고 그 자리에 말뚝을 박아놓았다. 나는 말뚝에 앉아 언덕 아래를 내려다보며 그 옛날을 상상해보았다. 별로 높지도 않건만 조망이 넓고 강줄기가 머리핀처럼 휘어 돌아가는 것이 한눈에 들어왔다.

그 옛날 저 강변은 울창한 늪지였을 것이다. 그들의 집자리인 이곳 동굴은 강기슭의 사냥감을 살피기에 좋았고, 절벽 아래인지라 들짐승을 피하기 유리하고, 동굴이기에 비바람 피하기도 좋았을 성싶다.

그렇게 상원들판을 망연히 바라보고 있는데 라운석씨가 곁으로 와

검은모루 출토 뗀석기
구석기시대의 전형적인 뗀석기로
원시적인 도구이지만,
구석기인들이 연장을 만들겠다는
행위의 목적과 계획을 갖고
돌을 깨뜨렸다는 사실이
중요하다. 자

서 또 묻는다.

"그 입술이 어떻게 된 겁니까?"

여기서 나는 인간의 진화과정을 자못 진지하게 설명하게 되었다.

"진화론에 입각하든 안 하든 인간은 자연을 개조하면서 자기 자신
도 자연에 적응하기 유리하도록 바꾸어갔답니다. 그래서 고든 차일
드(Gordon Childe) 같은 이는 '인간은 인간이 만들었다(Man
makes himself)'고 단호하게 말했어요. 특히 사유기능과 노동기
능이 인간의 신체에 큰 변화를 주어 인간의 손과 손가락이 발달하고
두개골은 상원사람은 800cc 정도인데 우리는 1,400cc로 늘어났습
니다. 컴퓨터로 치면 용량이 8비트에서 32비트로 커진 격이죠."

라운석씨는 무슨 교양 강의라도 듣는 듯한 자세로 진지하게 내 말에
귀 기울이고 있었다. 나는 이 진지한 수강생을 위해 힘껏 인간의 정신

이 육체의 진화과정과 어떤 관계를 갖고 있는지 설명했다. 그리고 마지막으로 그 문제의 입술에 관해 답했다.

"인간이 다른 동물과 신체적으로 다른 또 하나의 특징은 짝짓기
입니다. 생래적으로 짝을 찾는 데 신중하고 부끄러움을 타는 것은
직립원인이나 현대인이나 마찬가지입니다마는, 직립을 하고부터 성
행위에 변화가 일어나 배향위(背向位)에서 전향위(前向位)로 바뀝니
다. 그 바람에 애무 단계에서 혀와 입의 역할이 강화되었고 드디어
는 점액이 발린 속입술이 밖으로 뒤집히게 되었다는 겁니다. 그리고
결국에 가서는 동물 가운데 종족 번식 이외의 목적으로 감각적인 쾌
감을 즐기기 위해 성행위를 하는 유일한 짐승이 되었답니다. 그러니
우리가 선조들에게 신세진 것이 하나둘이 아니지요."

나는 뜻밖의 얘기까지 전공을 벗어나 장황하게 설명했다. 라운석씨
는 명상에라도 잠긴 듯 질문도 추임새도 없이 먼 곳을 바라보고 있다.
그래서 나 또한 멀리 상원들판을 내다보며 돌멩이를 내리쳐 거칠게 만
든 주먹도끼로 짐승을 잡고 풀뿌리를 캤을 원시인의 평온과 고달픔을
동시에 떠올렸다.
그런 생각을 하며 아무렇게나 생긴 뾰족한 돌을 주워 구석기시대 뗀
석기인 양 손에 쥐고 내리치는 시늉을 하니 멀리서 리정남 연구사가
나의 장난기를 보고 빙그레 웃는데, 라운석씨는 또 진지하게 묻는 것
이었다.

"교수 선생, 이 참에 하나 더 묻자요. 나는 박물관에 가면 그 뗀석
기라는 것을 보면서 속으로 저것도 유물인가 생각하며 그냥 지나갑
니다. 겉으로 나타냈다간 무식하다는 말 들을까봐 묻지도 못하는데,

그게 뭐 그리 대단한 겁니까."

"운석 동무, 그게 바로 노동도구의 첫 출발이기 때문입니다. 생명체 가운데 노동기능을 가진 동물은 사람밖에 없습니다. 그 노동을 통해 자연을 정복했고, 또 인간 스스로를 발전시켰습니다. 그래서 반병어리였던 검은모루 사람이 말 잘하는 평양 사람 라운석이 되었습니다."

"그러면 교수 선생이 쥐고 있는 돌멩이하고 박물관에 있는 뗀석기하고는 어떤 차이가 있습니까?"

"이것은 그냥 '깨진 돌'이고 뗀석기는 형태와 쓸모를 머리 속에 구상한 다음 내리쳐서 만든 '깨뜨린 돌'입니다. 대개는 내리쳐깨기와 때려깨기로 만들었지요. 즉 행위에 목적과 의식이 있었다는 말입니다."

그러자 라운석씨는 내 대답에 크게 만족해 하면서 혼잣말처럼 사설을 늘어놓았다.

"야! 고고학과 미술사라는 게 굉장하구나! 나는 경제만 아는 무식쟁이였구만. '깨진 돌'하고 '깨뜨린 돌' 사이에 그런 철학적인 차이가 있었단 말인가. 이야! 아는 만큼 보인다더니 이거 놀랍구나!"

라운석씨는 검은모루를 돌아 내려가도록 '뗀석기에는 행위의 목적과 의식이 있다'는 말을 내내 되뇌고 있었다.

고조선 거석 기념 유물의 고향

평양지방의 1만 4천 기 고인돌

나는 북한을 방문하기에 앞서 미리 답사 희망 유적지를 구체적으로 명기해 신청했다. 다만 고인돌만은 '평양 인근의 고인돌'이라고 포괄적으로 제시했다. 북측 안내단은 일정표를 짜면서 이 막연한 요구사항이 몹시 부담스러웠던 모양이다. 그들은 우리의 조사활동에 최대한 협조하려고 노력한 흔적이 역력했다. 안내단장 용강 선생이 "뿌루스(플러스)는 있어도 미누스(마이너스)는 없습니다"라고 말한 것은 과장이 아니었다. 그런데 평양 인근에는 무려 1만 4천 기의 고인돌이 있으니 이 모호한 요구를 어떻게 받아들여야 할지 고민스러웠던 것이다.

우리나라는 고인돌의 나라이다. 청동기시대 지배층의 무덤으로 생각되는 이 고인돌은 동아시아 지역에서는 중국의 랴오둥(遼東)과 산둥(山東), 일본의 규슈(九州)에 약간 있을 뿐 주로 한반도 전역에 퍼져 있는 우리나라 고유의 거석(巨石) 기념물이다. 북한에는 약 2만 기, 남한에는 어림잡아 5만~6만 기 정도가 확인되고 있다. 2천~3천 년 전의 유물이 7만~8만 점이나 있는 셈이다. 유네스코가 이것을 세계의 문화유산으로 지정하든 말든, 나는 세계 미술사의 지평에서 한국 미술을 평가할 때 당당히 내세울 수 있는 첫번째 유물은 고인돌이라고 믿어 의심치 않는다.

사람들은 고인돌은 고고학의 대상이지 미술사적인 유물이라고는 잘 생각하지 않는다. 그러나 나는 절대로 그렇게 생각하지 않으며, 현대 미술에서나 다시 나타난 설치미술과 환경조각의 원조라고 생각하고 있다. 특히 북방식 고인돌이 미술사적으로 주목받을 만하다고 생각해 왔으니, 평양에 와서 그걸 답사하지 않으면 무얼 하겠는가. 그러나 서울에 앉아서는 멋진 것을 고를 정보가 없었기 때문에 그냥 평양 인근이라고 포괄적으로 요구한 것이었다.

리정남 선생은 이 모호한 요구서를 보고는 나의 의도를 정확하게 파악하기 위해 구체적으로, 그것도 학술적으로, 더욱이 고고학적으로 물어왔다.

"어떤 고인돌을 보길 원하십니까? 오덕(五德)형 · 침촌(枕村)형 · 묵방(墨房)형을 하나씩 보시겠습니까?"

남한에서는 고인돌을 북방식과 남방식으로 나누어 설명한다. 남방식은 밑받침이 낮은 바둑판 모양이고, 북방식은 탁자 모양을 가리킨다. 한강을 경계로 하여 분포가 다른 줄 알고 그렇게 이름을 붙였는데, 이제는 북방식이 저 남쪽 지방 전남 나주에서 나오고 남방식이 저 북쪽 지방 평북 태천에서 발견되니 의미 전달에 혼란만 일으키는 쓸모없는 학술용어가 되어버렸다. 그런데도 우리 학계는 아직도 그걸 못 버리고 있다.

북한에서는 1970년에 석광준이 「우리나라 서북지방 고인돌에 관한 연구」를 발표하면서 북방식을 오덕형, 남방식을 침촌형이라고 부른 것이 공식적인 학술용어가 되었다. 북방식은 황해북도 연탄군(燕灘郡) 오덕리(五德里)에서 그 전형을 찾을 수 있고, 남방식은 황주시(黃州市) 침촌리(枕村里)에서 많이 발견되어 그렇게 부르게 된 것이다. 이후 침촌형 가운데 무덤칸을 지상에 만들고 납작돌을 덧쌓아 벽체를 이룬 새 유형이 조사돼 묵방형(墨房型)이라 분리해 부르고 있다. 이는 평북 개천군(介川郡) 묵방리에 많이 산재해 있는 것으로, 나중에 안 사실이지만 바로 리정남 선생이 1985년 발표한 「묵방리 고인돌에 관한 몇 가지 고찰」에서 연유한 것이었다. 리선생은 그 정도로 이 분야의 권위자였다. 나는 리선생에게 이렇게 대답했다.

"리선생님, 나는 그런 고고학적 조사가 아니라 미술사적으로 주목할 만한 것을 보고 싶습니다."
"고인돌을 미술사적으로 보다니요?"

얼핏 생각하면 고고학과 미술사가 비슷한 학문 같지만 정반대의 성격을 드러낼 때가 적지 않다. 고고학은 형태의 내부에 주목하지만 미술사는 겉모습에 더 관심이 많다. 결과적으로 고고학은 무덤을 많이 다루고 미술사는 상대적으로 삶에 더 치중한다. 그 중 큰 차이는 고고학은 보편적인 것, 기본적인 것을 찾아내려고 하는데 미술사는 특수한 것, 빼어난 것을 골라낸다. 한마디로 거칠게 말해 고고학은 유물의 속을 다루고, 미술사는 유물의 멋을 추구한다.

"이를테면 멋지게 생긴 오덕형 고인돌이라든지, 고인돌이 구릉에 떼무덤으로 장관을 이룬다든지, 최근에 발견되었다는 별자리무늬가 있는 고인돌 같은 거요."

"아, 알겠습니다. 교수 선생이 미술사가이면서 고인돌을 좋아하는 이유를. 그런 거라면 일정표 안에서 다 볼 수 있습니다."

청동기시대는 5천 년 전에 시작(?)

그리하여 '평양 인근 고인돌' 답사의 첫번째 대상은 상원군 룡곡리의 고인돌 무덤떼로 정해졌다. 리정남 선생이 이곳으로 우리를 안내한 데에는 몇 가지 이유가 있는 듯했다. 첫째는 검은모루 유적에서 가깝고, 둘째는 내가 꼭 보고 싶다는 별자리무늬 고인돌이 바로 옆마을 귀일리(歸一里)에 있었다. 그러나 이보다 더 큰 이유를 리선생은 이렇게 설명했다.

룡곡리 고인돌떼
룡곡리 들판에는 20여 기의 침촌형 고인돌이 떼를 이루고 있다. 갑자기 비가 내리는 바람에 농부들이 말리던 옥수숫대를 잠시 고인돌 위에 올려놓았다.

"룡곡리의 20여 기 되는 고인돌 가운데 제4호 무덤에서는 사람 뼈가 나왔습니다. 절대연대 측정값은 4,539±167년입니다. 그리고 바로 옆 제5호 무덤에서는 청동비파형(靑銅琵琶型) 창끝이 출토되었습니다."

북한의 고고학은 이처럼 엄청스러운 데가 있다. '약'이라는 말은 차치하고, 아주 당당하게 십 단위 아래까지 계산에 넣곤 한다.

"남한에서는 청동기시대를 아직 기원전 10세기 이상으로는 올려 보지 않는데요."
"우리도 얼마 전까지는 기원전 12세기 정도로 보았죠. 그러나 단군릉이 조사되면서 이제는 기원전 30세기부터 청동기시대가 시작됐음을 확인할 수 있게 되었습니다."

나는 리선생의 얘기를 듣고만 있었다. 내 전공도 아닌 분야에 섣불리 대들 일도 아니었고, 설혹 이견이 있더라도 내가 지금 그 논쟁을.하러 온 것도 아니었다. 그러나 고인돌의 연대에 관한 남북 고고학자들의 견해차는 너무도 컸다. 학문교류가 없는 만큼 그 간격이 넓고 깊어 보인다.

룡곡리 들판은 참으로 인상적인 시골 풍경을 보여주었다. 창밖으로는 낮은 구릉이 잔잔하게 겹쳐 있는데 이상하게도 찻길은 산자락을 피해 돌아갈 뿐 언덕비탈을 오르는 일 없이 평지를 가듯 달린다. 마치 넓은 평야에 듬성듬성 동산이 배치된 것만 같았다. 이 길은 곧장 오덕리 고인돌이 있는 황해북도 연탄군으로 이어진단다.

그러고 보니 남한땅에서도 고인돌이 많이 발견되는 전형적인 낮은 구릉지대였다. 내 개인적 인상으로는 경남 합천이나 전남 고흥의 고인돌을 답사할 때 보았던 풍광과 흡사했다. 개울을 따라 줄곧 달리던 차가 안쪽 마을로 인도하는 작은 다리 앞에서 멈추었다. 거기가 룡곡리로 들어가는 입구였다.

우리는 다 같이 차에서 내려 리선생을 따라 다리 건너 룡곡리 마을로 향했다. 어젯밤 내린 비로 냇물은 흐름이 빨랐고, 밭두렁길로 들어서자 흙길이 많이 질었다. 한쪽 밭에는 메밀꽃이, 이효석의 표현대로 '소금을 뿌린 듯이' 하얗게 피어 있었다. 메밀은 평양냉면의 재료로 이곳이 주요 경작지인데, 남쪽과는 달리 초가을 넘어까지 꽃이 핀다는 것이다.

마을로 뻗어 있는 이 길에는 소나무를 깎아 세운 삐뚜름한 전신주가 전깃줄을 느슨하게 나르고 있었다. 혹자는 이런 모습을 보고 덜 세련되었다고 말할지 모르지만 나는 이 정겨운 모습을 여러 장의 사진에 담았다. 약간 비탈이 진 듯했지만 얼마 걷지 않았는데도 그새 높이 올라왔다고 들판이 아주 넓어 보였고, 검은 흙이 유난히 기름져 보이는 넓은 밭에는 볕에 말리기 위해 얼기설기 세워놓은 옥수숫대 묶음 수십 개가 줄지어 있었다. 북한에서는 이것을 옥수수가리라고 부른다고 한다. 낟가리에서 나온 말인데 남한에서도 사용되는지 잘 모르겠다. 아무튼 그 이름만큼이나 정경이 너무도 평화롭고 풍요로워 사진을 찍고 또 찍고 있는데, 리선생이 내게 다가와 조금은 당황한 낯빛으로 사과하듯 말했다.

"교수 선생, 이거 미안하게 됐습니다. 어제 갑자기 비가 오는 바람에 농부들이 건조시키던 옥수숫대를 모두 고인돌 위에 올려놓았지 뭡니까. 지금 저기 보이는 옥수수가리들이 모두 고인돌 위에 있는 것입니다. 여기 좀 기다리십시오. 인차(곧) 사람들을 불러 모두 내려놓게 하겠습니다."

순간 나는 리선생의 팔뚝을 잡고 만류하면서 그들이 민망하지 않게 평양말씨를 흉내내며 말했다.

"리선생, 일없습니다. 고인돌이라는 것이 넓적한 바위덩어리이니 옥수수가리를 내려놓지 않아도 다 짐작할 수 있습니다. 내가 보고 싶은 것은 고인돌이 어떤 위치에 있는가였지 하나하나의 모습이 아니었습니다. 얼마나 좋습니까. 조상님들 덕에 농부들은 옥수숫대를 잘 말리게 되었고, 우리는 고인돌 덕에 이 룡곡리 산골까지 들어와 보게 되었으니 모두 문화유산의 공 아니겠습니까."

나는 리선생이고 농부 아저씨고 난처한 일을 당하지 않게 하기 위해 얼른 촬영을 마치고 귀일리 고인돌로 향했다.

별자리인가, 성혈인가

룡곡리에서 귀일리로 가는 길가 중간중간에도 고인돌이 몇 개 보였다. 어느 고인돌은 키 작은 향나무에 둘러싸여 있었고 어느 고인돌은 키 큰 측백나무로 울타리가 쳐져 있었다. 철난간을 두른 남쪽의 고인돌과 비교한다면 쇠줄에 묶인 도시 강아지와 들판을 뛰노는 시골 강아지의 차이만큼은 되어 보였다.

귀일리 고인돌은 오덕형으로 받침대가 낮은 편이나 덮개돌은 매우 컸다. 덮개돌 위에는 별자리무늬라는 구멍이 곳곳에 파여 있었다. 그러나 내 눈에는 아무리 보아도 별자리로 읽혀지지 않았다. 오히려 전라북도 남원과 순창에서도 본 바 있는 성혈(性穴) 같았다. 여성의 생식기 모양으로 구멍을 파면서 다산(多産)과 풍요(豊饒)를 기원했던 샤먼의 전통으로 보이는 것이었다. 리정남 연구사는 북한 학자들의 연구성과를 들어가며 이 고인돌에 파여 있는 구멍들이 다름아닌 북두칠성을

귀일리 고인돌
이 고인돌은 별자리무늬가 새겨진 것으로 유명하다. 그것은 혹 후대에 성혈(性穴)로 새긴 것일지도 모른다는 주장도 있다.

뜻한다고 설명하였다.

　1996년에 사회과학원 고고학연구소와 김일성종합대학 역사학부가 공동으로 펴낸 『조선기술발전사 제1권 – 원시 · 고대편』에는 이 별자리무늬에 대한 정밀 분석도 실려 있다. 이 보고에 따르면 북극성을 중심으로 해 북두칠성 · 카시오페이아 · 헤라클레스 · 케페우스 등 여러 별자리가 새겨져 있는데, 각 별의 알파(α) 별과 감마(γ) 별의 방향을 계산해보니 4,900년 전 별의 위치라는 것이다. 북한의 고고학이 이처럼 엄청스러운 데가 있음을 다시 한번 보게 된다. 이게 사실이라면 새긴 사람들의 과학도 놀랍지만 그것을 풀어낸 사람들의 실력도 대단한 것이 아닐 수 없다.

　그런데 묘한 것은 북한의 이러한 주장에 일본 학자들이 동조하는 태도이다. 본래 일본 학자들은 그 속을 잘 알 수 없고 또 부류에 따라 다양한 견해를 드러내고는 있지만 우리나라 고대사에 관해서는 야박할 정도로 깎아내리는 것이 거의 생리처럼 되어 있다. 그런데 일본 나라현(奈良縣) 아스카(明日香)의 다카마쓰(高塚) 고분에서 약 1km 떨어진 거리에 있는 '기토라 고분'(7세기 말~8세기 초) 천장에서 옛 천문도가 발견되었을 때 이것을 발표한 내용을 보면 충격적이다. 이 내용은 『조선일보』 1998년 6월 1일자에 이렇게 인용 보도되었다.

일본 도카이(東海)대학 정보기술센터는 이 천문도에 그려진 성좌(星座)와 별의 운행궤도, 태양의 운행을 나타내는 황도(黃道)와 적도(赤道) 등의 전체 자료를 컴퓨터로 분석해보았다. 훼손이 심한 약 600개의 별과 34종의 성좌를 복원해낸 뒤 관측지점이 어디였는지를 추적했다. 그 결과 천문도의 별자리는 일본에서 본 하늘이 아니었다. 천문도의 관측지점은 북위 38도에서 39도 사이(황해도와 평안남도에 해당) 지역이었다. 관측 시기는 기원전 3세기에서 기원후 3세기로 추정되었다. 그리하여 고분학술조사단측은 현재 평양 주변의 하늘을 그린 것일 가능성이 크다며 이 무덤이 고구려계의 도래인(渡來人)과 연관이 있을 것으로 추정했다.

아무튼 나는 이 별자리에 대해서는 아직도 선뜻 동의할 수 없었다. 그러나 귀일리 고인돌 앞에서는 아무런 내색도 하지 않았고, 얼마간 있다가 엉덩이를 털고 일어나 떠날 채비를 할 때는 진심에서 "그 고인돌 한번 아주 듬직하게 잘생겼다"고 큰 소리로 칭찬했다. 하지만 리정남 선생과 북측 일행은 그것을 일종의 야유로 들었을 가능성도 있었다. 그런 어색함을 나는 차 안의 공기에서 느끼고 있었다.

숙소로 향하는 우리의 차가 다시 룡곡리 마을 앞을 지날 때 저 안쪽

산비탈에는 옥수숫대가 얹혀 있는 고인돌 무덤떼가 장관으로 펼쳐졌다. 리선생은 그런 어색한 분위기를 바꿀 뜻이었는지 내년에는 여기에 고인돌공원이 생기니 요 다음에 다시 오자며 아쉬움을 달래면서 내게 은근히 묻는 것이 있었다.

"교수 선생 답사기를 보니까 지석묘군(支石墓群)을 고인돌 떼무덤이라고 했던데, 무덤떼를 떼무덤이라고 하는 게 남한의 새로운 학술용어입니까?"

"아닙니다. 제가 고창군 상갑리에 있는 500기의 고인돌 무덤떼를 쓰면서 그 장대한 모습에 걸맞은 묘사를 궁리하던 중 마침 아침신문에서 '떼강도가 극성을 부린다' 는 기사를 보고 무덤떼를 떼무덤이라 바꿔 쓴 겁니다."

그 바람에 차 안은 웃음바다가 되었고, 그 웃음소리에 남북한의 고인돌 견해차 같은 곤란함은 룡곡리 들판 속에 모두 사라져버렸다.

탁월한 환경조각, 오덕형 고인돌

우리의 두번째 고인돌 기행은 문흥리 고인돌이었다. 단군릉 입구 양지바른 구릉 위에 당당하게 자리잡고 있는 문흥리 고인돌은 그 앉음새부터 빼어나다. 언덕 아래에서 올려다볼 때도, 이쪽 산자락에서 건너다볼 때도 마치 천신단(天神壇)이라도 되는 양 경건한 분위기가 일어난다.

본래는 굄돌(支石)이 4면에 모두 받쳐 있었지만 앞뒷면이 떨어져 나가는 바람에 양 측면의 면석(面石) 위에 상큼히 올라앉은 덮개돌이 마치 단순미를 강조하여 디자인한 조선시대 경상(經床)을 연상시킨다. 현대미술의 어떤 설치미술가도 이런 구상을 해내지 못한 것 같고, 어

문흥리 고인돌

단군릉 앞에 있는 이 고인돌은 평양 인근 고인돌 중 가장 조형적인 구조를 보여주는 멋진 유물로, 전형적인 오덕형 고인돌이다. 고인돌의 앞뒷면 돌판은 떨어져나갔다. 유

묵방형 고인돌

침촌형 고인돌의 변형으로, 고인돌 양식의 변천과정을 드러내주는 내부구조를 하고 있다(평남 개천군 묵방리). 자

측백나무 울타리의 고인돌
룡곡리 곳곳에 고인돌이 늘어서 있는데, 한 고인돌은 이처럼 측백나무 울타리를 하고 있어 보기에도 좋았다. 유

떤 환경조각가도 이런 산언덕에 저토록 영험한 조형물을 세우지 못한 것 같다. 도대체 저 집채만한 돌들을 어떻게 운반해왔단 말인가?

내가 이제까지 본 고인돌 중에서 가장 잘생겼다고 생각되는 것은 비록 사진으로만 보았지만 황해남도 은률군 관산리의 고인돌이 첫째이고, 그 다음이 이 문흥리 고인돌, 그리고 강화도 부근리 고인돌이 셋째쯤 될 것 같다. 또 북한 답사 열하루 일정 가운데 문흥리 고인돌은 강서대묘 다음으로 감동적인 유적이었다.

대부분의 고인돌이 무리지어 늘어서 있듯 문흥리 고인돌 역시 4기가 줄지어 있는데, 비탈 아래로는 밀려나간 고인돌 부재가 보였으니 대여섯 기는 있었던 모양이다. 그러나 하나만 남겨놓고 나머지는 모두 파괴되어 내부를 드러내고 덮개돌은 밀려났다. 그로 인해 문흥리 고인돌은 오히려 폐허의 신비와 연륜 속에 더욱 오롯이 빛난다. 나는 고인돌의 덮개돌을 어루만지면서 문흥리 들판에서 불어오는 시원한 가을 바람을 온몸으로 맞받으며 이 신비한 청동기인들의 설치미술품을 마음껏 체감했다.

고인돌 밑으로 기어들어가 덮개돌 천장과 고인돌 받침대가 엇물린 부분도 살펴보고 또 무덤 속 크기를 실감하기 위해 누워보기도 했다. 무덤 바닥에는 콩서리를 해먹고 간 자욱이 군데군데 역력하여 '개구쟁이는 사람 사는 곳이라면 어디에나 있는 법인가 보다'라고 혼자 생각하고 혼자 웃었다. 이렇게 편안하고 느긋한 답사는 남한에서도 누려보지 못한 북한 답사의 별격이고 별미였다. 나는 리선생에게 감사의 뜻을 실어 물었다.

"역시 고인돌은 오덕형입니다."
"그렇고말고요."
"그런데 그 오덕리 고인돌은 이번에 가보기 힘듭니까?"
"오덕리 고인돌요? 그건 잠깐 미역감으러 갔습니다."
"미역감으러 가다니요? 아! 알았습니다. 저수지에……."

오덕리에 저수지가 생겨 물에 잠겼는데 어쩌다 날이 가물면 잠시 몸을 드러내기도 하는 것을 이렇게 유머러스하게 표현한 것이다.

그날 돌아오는 차 안에서 리선생과 나는 우리나라 고인돌의 위대함에 대해 경쟁하듯 서로 자랑을 말했다. 그러다가 리선생은 아까 말한 농담이 남한에 전해지면 흉떨릴까 걱정된다고 했다. 그래서 나는 단호하게 말했다.

"리선생, 염려 마십시오. 전라남도 승주 주암댐에는 고인돌 100개가 미역은 고사하고 그대로 수장됐답니다. 누가 누굴 홍보겠어요. 오히려 리선생의 넉넉한 유머 감각에 놀랄걸요."

1,994개의 돌덩이가 지닌 뜻은

통역은 필요없고, 전화는 안 되는 곳

평양에 온 지 나흘째 되던 날 저녁식사 뒤 여느 때처럼 둘러앉아 차를 마시며 환담을 나누는데 권영빈 단장이 불현듯 묻고 나왔다.

"우리가 평양에 온 지 겨우 나흘밖에 안 됐나? 그런데 왜 한 달은 된 것 같지?"

"왜긴? 객지 나오면 다 그런 거지."

"다 그렇긴? 1년에 몇 번씩 외국에 나다녔어도 이런 감정은 처음이다."

사실 일행 모두가 그렇게 느끼고 있었다. 처음에는 모두들 긴장해서 그런 것이라고 믿고 있었다. 그러나 나중에 곰곰 생각해보니 전화 때문이었다.

단군릉
고구려 광개토왕의 장군총을 모방하여 장대하게 세워놓은 단군릉은 해방 후 북한 정부가 시행한 최대 규
모의 유적 개건사업이었다.

단군릉 수축기성회비
일제시기에 단군릉을 지키려는 뜻에서 세워놓은 이 비는
뒷날 단군릉 발굴의 결정적인 계기가 되었다. 자

　평양에 도착한 뒤 우리는 아무 곳에서도 전화를 할 수 없었다. 미국
을 가든 소련을 가든 외국에 나가면 집에 안부 전화부터 하면서 시간
과 공간을 공유할 수 있는데 북한 답사길에서는 그게 불가능했던 것이
다. 아무리 이동통신이 발달하고 아무리 좋은 무선전화기가 나와도 통
신협정이 이루어지지 않는 한 전화는 되지 않는다. 그래서 귀국한 뒤
북한 답사가 외국여행과 무엇이 다르더냐고 누가 물으면 나는 꼭 두
가지 사실로 대답했다. 하나는 외국어 통역을 구하지 않아도 말이 잘
통한다는 점이고, 다른 하나는 전화를 할 수 없어 완벽하게 차단된 생
활을 해야 한다는 점이다. 그것은 남과 북에 가로놓인 가깝고도 먼 거
리의, 남 아닌 남이고 외국 아닌 외국임을 상징적으로 말해주는 것이
었다.

피해갈 수 없는 논쟁의 핵

이번에는 그처럼 가깝고도 먼 거리에 있는 좀 미묘한 얘기를 해야만 할 것 같다. 나의 북한 문화유산 답사기가 신문에 연재되는 동안 독자 가운데는 왜 단군릉을 정식으로 언급하지 않느냐고 항의성 질문을 해온 분이 몇 있었다.

또 내가 아는 역사학자·고고학자 중에는 단군릉을 어떻게 쓸 것이냐고 반은 걱정이 되어 말한 분도 있다. 솔직히 말해 나는 단군릉 문제는 피해갈 생각이었다. 그래서 그 앞에 있는 문흥리 고인돌은 쓰면서도 단군릉은 언급도 하지 않고 지나갔던 것이다.

북한 문화유산 답사기를 쓰면서 나는 남한 지역을 말할 때와는 달리 심각하게 고려한 두 가지 사항이 있었다. 하나는 분단 50년 만에 처음 빗장을 열고 들어가 직접 안살림을 보고 온 사람으로서 우선 있는 사실을 그대로 전해야만 한다는 점이다. 또 하나는 한평생을 사이좋게 지내온 부부 사이에서도 반드시 건드려서는 안 되는 부분이 있는데, 오랜 별거 끝에 문화유산을 통해 재결합을 시도하는 마당에 오해의 소지가 있는 것은 대승적인 차원에서 피해가겠다는 생각이었다. 단군릉이 바로 그러한 유적이다.

단군릉은 해방 후 북한 고고학계가 내세우는 최대의 업적이다. 이에 반해 남한의 고고학자들은 이미 단군릉의 허구성을 성토하는 글을 여러 명이 발표했고, 북한의 단군릉 발굴 보고에 동의하는 학자는 거의 없는 것으로 보인다. 그래서 나는 어느 편의 손을 들었다가는 다른 쪽에게 큰 비난을 받아야만 하는 난처한 지경에 놓인 것이다. 그래서 피하려 했던 것이다.

그러나 단군릉은 덮어두고 지나가기에는 너무나 잘 알려진 문제라는 생각이 든다. 그 심각한 견해 차이 때문에 오히려 재결합이 의문시되고, 또 사실과 다른 오해까지 생긴다면 차라리 저간의 논쟁과 의문

점을 그대로 드러내어 온 국민이 공유하는 편이 옳은 것도 같다. 그런 심정에서 나는 이제 북한에서는 단군릉을 어떻게 말하고 있는가를 소개하고자 한다.

남한에서는 많은 사람이 북한에서 어느 날 갑자기 단군릉을 아무런 근거도 없이 황당하게 복원해놓은 것으로 알고 있다. 평양에 가기 전까지 나 또한 그렇게 생각해 단군릉에 별 관심이 없었다.

그런데 현지를 답사해보니 단군릉은 북한에서도 '복원(復元)'했다고 말하지 않고 명백히 '개건(改建)'했다고 말하고 있다. 이 점은 동명왕릉·왕건릉도 마찬가지이다. 그러니까 단군릉은 5천 년 전 유적이 아니라 20세기 유적이라는 사실을 분명히 하고 있는 것이다. 마치 남한에서 충남 아산에 만든 현충사가 조선시대의 유적이 아니라 20세기의 기념건축인 것과 같은 맥락에 있는 것이다.

단군릉 자체는 고구려식

문제는 단군릉의 존재 여부이다. 평양에서 단군의 뼈를 발견했다고 처음 발표한 것은 1993년이었고, 단군릉에 관한 종합적인 공식 보고는 1994년 사회과학출판사에서 펴낸 『단군과 고조선에 관한 연구론문집』에서 발표했다.

이 논문집에 따르면 평양시 강동군 문흥리 대박산 동남쪽 기슭에는 옛날부터 단군릉이라고 전해오는 작은 무덤 하나가 있었다. 이는 무덤 앞에 세워진 '단군릉 기적비(紀蹟碑)'로 알 수 있는데, 이 비는 일제가 단군릉을 파괴한 것에 분노한 평양 시민들이 '단군릉 수축기성회(修築期成會)'를 만들어 1936년에 세워놓으면서 민족혼을 불러일으킨 것이었다. 그러나 북한의 역사학자·고고학자들은 이 단군릉을 별로 주목하지 않아왔다. 왜냐하면 우선 단군릉의 묘제가 고구려식 무덤이고, 또 단군의 고조선은 평양이 아니라 랴오둥 지역이라고 믿었기 때문에 그저 전설상의 단군릉으로 치부했던 것이다.

그런데 고조선의 강역이 랴오둥이 아니라 평양을 중심으로 펼쳐졌다고 믿는 학자들이 줄곧 있어왔다. 이들은 『고려사』와 조선시대 기록에서도 평양의 단군릉 존재를 확인할 수 있을 뿐만 아니라 1530년에 완성된 『신증 동국여지승람』의 「강동현(江東縣)조」에 "현 서쪽 3리에 둘레 410자나 되는 큰 무덤이 있는데 이를 단군묘라고 한다"는 기록에 주목한다.

또 『조선왕조실록』에 보면 숙종 때(1697년)는 강동의 단군묘 수리 얘기가 나오고, 영조 때(1739년)는 단군묘의 보수·관리 지시가 나오며, 정조 때(1786년) 평안감사에게 강동사또가 봄가을로 단군묘에 제사 지내는 것을 제도화하라는 지시사항이 나온다.

게다가 단군릉 일대에는 대박산(밝은 산)을 비롯해 단군호(湖)·단군동(洞)·아달동 등 단군과 관계된 지명과 전설이 많이 전해지고 있다. 이렇게 논쟁이 오가던 중 김일성 주석이 논쟁만 하지 말고 발굴해 과학적으로 규명하라며 「단군릉 발굴에 대한 교시」를 내렸다.

발굴 결과 놀랍게도 두 사람의 뼈가 모두 86개 나왔다. 주로 팔다리뼈와 골반뼈였다. 사회과학원에서는 서로 다른 두 연구기관에 연대 측정을 의뢰하여 '전자 스핀(SPIN) 공명법'으로 각각 24회, 30회에 걸쳐 측정한 결과 1993년 기준으로 5,011±267년이라는 값을 얻게 되었다는 것이다. 그래서 이 인골은 다름아닌 단군과 그 아내의 뼈로 인정하게 되었다는 것이다.

그러면 왜 무덤 양식이 고구려식으로 반지하의 외칸무덤이고, 금동 왕관의 앞면 세움장식과 금동띠의 패쪽, 그리고 여러 도기 조각이 모두 고구려 유물인가 하는 문제가 남았다. 그것은 단군릉을 고구려 사람들이 개축하면서 손을 본 것으로 해석했다. 아마도 동명왕릉을 이장해올 때 단군릉도 같이 손본 것이 아닌가 추정되기도 했다.

후탄리 선돌
단군릉의 좌청룡에 해당하는 언덕에는 20리 떨어진 후탄리에 있는 선돌
을 옮겨다놓았다. 유

주체사관을 위한 유적지로 개건

이리하여 김일성 주석은 생전에 단군릉을 개건해 민족의 시조로 예우를 다할 것을 지시해 능의 위치를 현위치에서 200m 위쪽으로 직접 잡아주었다. 그리고 단군릉 개건 마스터 플랜을 지휘 감독했다. 그 장대함이란 거의 무지막지한 경지에 이르렀다.

단군릉은 광개토왕릉으로 추정되는 퉁거우의 장군총을 본뜨되 그 3배 되는 크기로 9층의 계단식 돌각담무덤 형식을 취해 한 변 50m, 높이 22m로 축조되었다. 화강암 돌은 1994년에 개건됨을 기념해 1,994개로 짜맞추었다고 한다. 네 모서리에는 우람한 돌호랑이를 수호상으로 세우고, 그 앞에는 고조선의 상징적 무기인 비파형 동검(琵琶型銅劍)을 높이 7m의 크기로 네 군데에 세웠다.

입구부터 능까지는 279단의 화강암 돌계단으로 이루어졌는데, 나는 이처럼 눈부시게 높은 돌계단은 영화 「전함 포템킨」에 나오는 오데사의 계단과 영화 「벤허」에서 본 것말고는 처음이었다.

돌계단 중간의 넓은 단에는 선돌(立石) 모양을 본뜬 돌기둥이 추상조각 또는 설치미술식으로 세워져 대문을 대신하고, 계단 양쪽으로는 공민왕릉에서도 보이는 문신석과 무신석을 본떠서 단군의 네 아들과 여덟 명의 측근 신하로 호위하게 했다. 또한 단군릉에서 내려다보면 오른쪽의 우백호(右白虎) 자리에는 문흥리 고인돌 3기가 의젓하게 자리잡고 있는데, 왼쪽의 좌청룡(左靑龍) 자리 언덕에는 20여 리 떨어진 후탄리에서 옮겨온 선돌이 짝을 맞추듯 세워져 있었다. 과거와 현재가 만나는 기념물로 거대한 환경조각이며 설치 구조물이다.

그러면 북한에서는 왜 단군릉 개건에 그렇게 열중했는가라는 물음이 남게 되는데, 이에 대해서는 조선중앙력사박물관의 장정신(張正信, 58세) 관장이 대담중에 "주체를 올바로 세우는 뜻에서 3대 시조릉에 대한 개건사업을 전개했다"고 한 말의 행간 속에서 읽을 수 있게 된다.

즉 고조선의 단군, 고구려의 동명성왕, 고려의 왕건, 그런 식으로…….

　김일성 주석은 결국 자신의 생애 마지막 대역사였던 이 단군릉 개건 사업의 완성을 3개월 남겨두고 세상을 떠났고, 1994년 10월 29일에 그 유훈을 이어 준공을 보게 되었다. 그것이 지금의 단군릉이다.

"력사적 상상력을 제한해서는 안 됩니다"

북한 원로학자와의 만남

방북기간중 나는 북한의 대표적 고고학자인 주영헌(朱榮憲, 71세) 선생, 그리고 평양의 조선중앙력사박물관 장정신 관장과 두 시간여에 걸친 대화의 시간을 가질 수 있었다. 나로서는 참으로 벅찬 영광이었지만 한편으로는 큰 부담이기도 했다. 어느 면으로 보든 나는 이 두 분의 상대역이 될 수 없다. 사회적 지위로 본다면 북한의 문화유산 관리자를 대표하는 조선중앙력사박물관장과 나란히 할 수 없고, 학문적 위치로 본다면 주영헌 선생은 사회과학원 고고학연구소 부소장을 지낸 원로학자로, 일찍이 그가 지은 『고구려의 고분벽화』(1972년)는 남한에 있는 고고미술사가들이 하나의 고전으로 받아들일 만큼 큰 업적을 남긴 분이다.

나로서는 어느 모로 보나 듣는 입장에서 이분들의 목소리를 남한의 학자와 대중에게 전하는 것이 도리라고 생각해 시종 묻는 입장에 있었

주영헌 선생과의 대화
방북 기간중 북한의 원로 고고학자 주영헌 선생과 대화의 자리를 가질 수 있었던 것은 나로서는 반가움을 넘어선 큰 영광이었다. 이 자리에는 조선중앙력사박물관 장정신 관장도 함께 하였다.

다. 그 중 주영헌 선생과의 대화를 여기에 옮겨놓는다.

민족의 정통성 확보를 위한 발굴작업

유홍준 저는 주선생님의 저서와 논문을 읽은 적이 있어 익히 뵈온 분 같은 친근함이 느껴집니다마는, 주선생님께서는 남한의 학자를 직접 만난 적이 있으십니까?

주영헌 1972년 일본 아스카(飛鳥)에서 다카마쓰(高塚) 고분벽화가 발견되었을 때 북남 양쪽 학자를 초청한 적이 있습니다. 거기서 최순우(崔淳雨)·김원용(金元龍) 두 선생을 만난 적이 있습니다만, 평양에서는 처음입니다.

유 북한에서는 8·15해방 직후부터 전쟁이 끝난 뒤 1950, 60년대까지 고고학 발굴사업을 활발하게 펼친 것으로 알려졌는데, 어떤 계기가 있었습니까?

주 1946년에는 「보물·고적 보존령」이 발표되고 1949년 6월에는 내각고시 제151호로 「유적·유물 보존사업 강화에 대하여」라는 지시가 내려옵니다. 그래서 가장 먼저 발굴한 것이 안악3호무덤입니다. 그때 우리의 생각은 이랬습니다. 일제 강점기에 왜곡된 우리 역사를 바로잡고, 파괴된 문화유산을 올바로 보존해 민족의 정통성과 위대함을 보여주어야 한다는 것이었습니다.

그리고 전쟁 후 여기저기서 복구사업이 일어날 때인 1954년 8월에 다시 「각종 건설공사과정에서 발견되는 유적·유물을 보존·관리할 데 대하여」라는 내각지시가 내려집니다. 이로 인해 많은 유적들이 신고되고 발견되었습니다. 상원 검은모루동굴도 도로공사중 동물뼈를 주운 것이 계기가 된 것입니다.

유 문화유산 정책은 어떻게 시행되고 있습니까?

주 문화예술부에 문화보존총국이 있어 총괄하고 있습니다. 문화보존총국 산하에는 조선중앙력사박물관·미술박물관·민속박물관·문화보존연구소·문화유물창작사가 있습니다. 그리고 각 도마다 력사박물관과 명승지 및 문화유적 관리소를 두고 문화보존총국이 지도하고 있습니다.

미술박물관과 민속박물관은 평양에만 있는 셈이고 문화보존연구소는 유물의 보존 처리를 과학적으로 연구하는 곳입니다. 문화유물창작사는 문화재 복원을 담당하는 곳으로, 고분벽화 모사도는 대개 여기서 제작한 것입니다. 절간 건물은 물론 탱화 단청 작업도 여기서 합니다.

그러나 문화유산을 학술적으로 지도하는 것은 조선중앙력사박물관입니다. 조선중앙력사박물관은 일본과 동유럽에서 고고유물 중심으로 해외 순회전도 가진 바 있습니다.

유 발굴은 어떻게 진행됩니까?

주 학술 발굴로 사회과학원 고고학연구소나 김일성종합대학 고고학부에서 계획적으로 실시하는 경우가 있고, 또 공사 현장에서 신고가 들어와 발굴하는 경우가 있습니다.

문화재 신고가 들어오면 문화보존총국에서 발굴기술과 학술역량을 감안하여 보존에 관한 의견을 제시합니다. 발굴 · 보존 · 원상회복 등 3단계로 평가를 내리면 그대로 시행합니다.

문화예술부에는 력사유적유물 심의평가위원회가 있어서 유물의 등급을 평가합니다. 국보, 준국보, 일반보존 공개, 전문가 공개 등으로 나눕니다. 남조선도 대개 이런 비슷한 구조를 갖고 있지 않을까 싶습니다만 어떻습니까?

유 문화보존총국은 문화재관리국, 심의평가위원회는 문화재위원회 등 이름만 다른 것 같습니다. 그러나 남한에서는 각 도마다 역사박물관이 있는 것이 아니라 문화권 단위로 국립박물관이 운영되고 있습니다. 문화유물창작사가 별도로 있는 것이 북한의 특색입니다. 가장 큰 차이라면 북한은 역사박물관 체제이고, 남한은 미술박물관 체제라는 점입니다.

그러면 다시 발굴 얘기로 돌아가서, 1960년대의 가장 큰 고고학적 성과로는 어느 유적을 들 수 있을까요?

역사의 '빈 고리'를 찾는 발굴사업

주 역시 함북 선봉군 굴포리(屈浦里) 서포항(西浦項)이라고 해야겠지요. 맨 위층에서 청동기 유물이 나오고 또 그 아래층에서 신석기 유물이 나와 두 시기의 연속성을 확보했던 것입니다. 1963년부터 발굴이 시작되었는데……. 사실 보통 때 같으면 여기서 발굴이 끝나는 것이죠. 하지만 '더 조사해보자. 이렇게 오랜 시기의 유적이 겹쳐 있다면 혹시 알겠느냐' 해서 더 파들어가 결국 구석기시대를 확인하지 않았습니까.

굴포리 서포항 유적지
선사시대 유적이 층위별로 모두 발굴된 굴포리 유적지는 북한 고고학계의 최대 성과로 손꼽힌다. 자

유 의도적으로 발굴 대상을 선정하지는 않았습니까?

주 왜요. 역사의 '빈 고리'를 메우기 위해 의도적으로 주목했죠. 서포항에서 구석기 유적이 나오니까 그 옆에 있는 부포리(鮒浦里)에서 또 나오더군요. 첫번째, 두번째가 찾기가 힘들었지 일단 찾아내니까 여기저기서 나오더군요.

유 청동기시대 무덤양식인 고인돌이 기원 전후가 되면 신기하게도 사라져버립니다. 그것에 대한 해석은 어떻게 내리십니까?

주 고인돌은 그냥 소멸한 것이 아니라 결국 돌무지무덤과 움무덤으로 갈라지게 됩니다. 고인돌의 하부구조는 고구려의 돌각담무덤(積石塚)으로 이어집니다. 또 돌간흙무덤이라는 것도 따지고 보면 고인돌

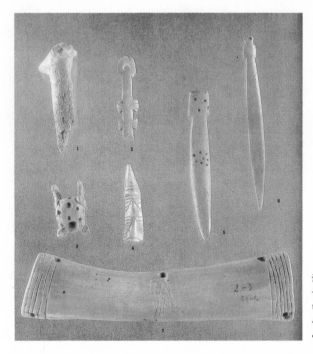

굴포리 출토 뿔조각
굴포리 신석기 유적층에서는
뼈로 만든 각종 조각이
출토되어 당시 퍼져 있던
애니미즘을 엿보게 한다. 자

위에 봉분을 뒤집어씌운 것인 셈입니다. 혹자는 움무덤이 다른 종족의 무덤이라고 말하고 있습니다만 그렇지 않습니다. 무엇보다도 출토 유물이 같지 않습니까. 그러니까 고인돌 문화는 사라진 것이 아니라 역사적으로 분화 · 변천한 것으로 보아야 합니다.

유 백제 무덤에도 그 논리가 같이 적용될 수 있을까요?

주 물론입니다. 서울 석촌동 돌무지무덤들은 3세기 위로 올라오는 것이 많다고 봅니다. 지금 남아 있는 형태가 정연한 것은 후기 것들이겠죠. 한마디로 한강 유역의 움무덤은 돌각담무덤의 영향으로 바뀝니다. 토착세력이 고구려의 영향을 받았다는 증거입니다. 움무덤은 대형화하고, 묘실 내부구조는 지하에 있던 것이 지상으로 올라오죠. 그리고 돌을 덮었습니다. 정치적 실권자의 영향을 받으면서 그렇게 무덤 형식이 바뀐 거겠지요.

유 1970년대 발굴에서는 덕흥리 벽화무덤 발견이 획기적이었다고 할 수 있겠죠?

주 제가 발굴을 주도해서가 아니라 실제로 그렇습니다. 저도 6·25 전쟁 후 안악3호무덤 재발굴 때부터 벽화고분 발굴에 계속 참여해왔습니다. 안악3호에 이어 제1호·제2호도 발굴했고, 강서 구역의 약수리·수산리 벽화무덤도 조사했습니다. 아시다시피 모두 뛰어난 벽화가 발견되었죠. 그런데 덕흥리 무덤으로 이제 가보시면 알겠습니다만 그냥 언덕으로 묻혀버려 무덤인 줄도 몰랐습니다. 하지만 아무리 보아도 거기는 고분이 있을 자리더란 말입니다. 그래서 발굴을 시작한 것이 뜻밖의 성과를 얻었습니다. 그러나 신라의 천마총, 백제의 무령왕릉 같은 고구려왕릉의 처녀분은 아직 발견하지 못했습니다. 그게 아쉽습니다.

우리의 '잣대'로 가늠했습니다

유 남한에서 볼 때 구석기시대 유적과 고구려 고분벽화의 발굴에서는 그 결과 보고에 대체로 수긍하고 있는데, 청동기시대는 매우 난처한 견해차까지 보인다는 것을 어떻게 생각하시는지요?

주 무슨 말인 줄 알겠습니다. 1995년도에 오사카(大阪)에서 학술대회가 열렸을 때도 똑같은 질문이 나왔습니다. 기본적으로 학자들은 안전제일주의를 취하기 때문에 새 학설에 쉽게 동의하지 않습니다. 또 발굴된 유물을 직접 보지 못하니까 신중할 수밖에 없겠지요.

청동기시대는 아직 발굴유물이 많지 않고 매우 복잡하기 때문에 어느 지역에 편중된 것을 갖고 시기를 높여 잡을 수도 내려 잡을 수도 없습니다. 우리도 처음에는 강상무덤에서 비파형 동검을 발견했을 때 기원전 8세기 정도로 보다가 나중에는 기원전 12세기로 올려 잡았죠. 남

비파형 동검
남한에서 많이 출토되는
가는놋단검(細形銅劍)과 계통을
달리하는 랴오닝식(遼寧式) 동검인데,
북한에서는 이를 고조선의 상징적인
유물로 해석하고 있다. 자

한에서도 처음에는 청동기시대가 없었다는 일제의 주장대로 금석병용기(金石倂用期)라고 하다가 나중에는 기원전 4세기, 근래에는 기원전 10세기까지 따라오지 않았습니까?

　유　그런데 이제는 단군릉 발굴 이후 기원전 30세기까지 훌쩍 뛰어 올려 잡고 있습니다.

　주　단군릉에 관해 여러 말이 있는 것 같은데, 그 무덤이 단군릉이라는 여러 문헌자료가 있고, 그 유골의 연대를 남쪽에서도 자주 이용하는 '전자 스핀(SPIN) 공명법'으로 수십 차례 측정해서 얻은 것인데 어떻게 합니까. 역사문헌과 과학적인 분석을 믿는다면 단군릉을 믿어야지요.

유 하지만 단군릉에 따른 방계자료의 뒷받침이 너무 약합니다. 이웃 중국과 비교하면 우리나라에서 무려 1천 년 이상 청동기시대가 먼저 시작되었다는 셈인데요.

주 중국과 비교하는 문제에 대해서는 왜 우리 역사를 남의 잣대로 재려 하느냐고 되묻고 싶습니다. 이제 청동기시대와 고인돌 연구는 단군릉을 계기로 반석에 올려놓은 셈입니다. 다시 연구하고 조사해야죠. 고조선사회는 종래 생각처럼 낙후된 사회가 아니었습니다.

유 혹시 단군릉과 관련해서 남한 학자들에게 더 하고 싶은 말씀이 따로 있으십니까?

주 이른바 실증을 강조한다는 것이 력사적 상상력을 제한하는 것이어서는 곤란하다는 점입니다. 왜 우리가 역사를 연구하는 것일까요. 또한 학문상의 보신주의 때문에 새 학설에 주저해서도 안 될 것입니다.

유 잘 전하겠습니다. 그밖에 남한 학자들에게 따로 하실 말씀은?

주 학술교류가 끊겨 호상 연구에 어려움이 많습니다. 『조선유적유물도감』을 전20권으로 만들어놓았지만 뭐가 빠졌는지도 알지 못합니다. 그러나 교류가 이루어지고 만나서 토론하면 다 해결될 것입니다. 이제 교수 선생이 왔으니 차츰 오지 않겠습니까. 발굴도 처음이 힘들었지만 한번 발견되면 계속 나오지 않습니까. 많은 학자분들을 만나고 싶습니다.

문학이 삶 속에 살아 있을 때

안주벌 열두삼천골을 지나며

평양에 온 지 엿새째 되던 날 우리는 멀리 묘향산으로 3박 4일 답사 길에 오르게 되었다. 여행중에 여행을 맞는 이 기분은 참으로 묘했다. 여장을 꾸리고 방을 정리하는 손길이 마치 집에서 답사 떠날 때와 마찬가지로 바쁘고 마음이 가볍게 들뜨기도 했다.

묘향산은 평안남도·평안북도·자강도 3도가 거기서 만나고 거기서 갈라지는 분계령(分界嶺)이 되고 있지만 답사와 관광지로서 묘향산은 평안북도 향산군(香山郡) 향암리(香岩里)를 일컫는다. 그래서 묘향산에 가려면 예나 지금이나 반드시 향산을 거쳐야 한다.

평양에서 향산으로 가자면 순안(順安)·숙천(肅川)을 거쳐 안주(安州)에서 한 호흡 고르면 큰 갈림길이 나온다. 여기서 정주(定州)를 지나 신의주(新義州)로 향하는 서북쪽 길을 버리고 동북쪽으로 가는 길이 향산으로 가는 길이다. 그 길은 너무도 유명한 영변(寧邊)의 약산

(藥山)과 청천강(淸川江)을 끼고 오르는 길이다. 그러나 행인지 불행인
지 마침 2년 전에 평양~향산간 고속도로가 개통되어 우리는 옛길을
더듬어가는 낭만을 누리지 못하고 교통체증이라고는 단어조차 없는
이곳 고속도로를 타고 2시간 안에 향산에 닿게 되어 있었다.

여행이란 목적지 못지 않게 가는 과정이 풍요롭고 흥미로운 여정(旅
情)을 실어주는 법인데 그걸 누리지 못함이 아쉬웠고, 특히 가는 길목
에 있는 관서제일루(關西第一樓)라는 안주 백상루(百祥樓)에 들르지
못하게 된 것은 차라리 억울했다.

우리의 소형버스가 평양 시내를 벗어나 순안을 지나게 되면서는 평
안도 가을 들판의 스산한 듯 느긋한 아름다움을 맛볼 수 있었다. 비산

묘향산 가는 길

안주 백상루
안주 시내 한복판에서 청천강을
멀리 내다보는 자리에 세워진
백상루는 관서제일누대로
예부터 이름난 명소이다.
1차 방북 때는 가보지 못했지만
2차 때 결국 다녀왔다. 유

비야(非山非野)로 이어지는 들판에는 논과 밭이 여전하고, 둥근 산자락에 참나무·소나무들이 운치 있게 덮여 있었다. 서울서 듣기에 산언덕마다 밭으로 깎아 나무가 없다느니 농사가 되지 않았다느니 하는 풍문이 있어 더욱 눈여겨보았는데, 최소한 그날 향산으로 가는 길의 풍광은 그렇지 않았다.

그렇게 한 시간쯤 달렸을 때 곧게만 뻗어오던 고속도로가 오른쪽으로 크게 휘어 돌아가는 지점에 다다라서는 큰 강을 건넜고, 강을 건너고부터는 강변으로 바짝 붙어 사뭇 강변길을 타고 달리게 되었다. 우리는 그렇게 청천강을 건넜다.

청천강
묘향산과 영변 약산의 계곡물을 다 모아 흐르는 청천강은 더없이 맑고 푸르기만 하다. 한창 가물 때라 물
줄기가 약하지만, 2차 방북 때는 아주 장대하게 흐르는 청천강을 다시 볼 수 있었다. 유

이름보다 더 맑은 청천강

청천강은 투명하다 못해 짙은 초록빛을 내뿜고 있었다. 강변에는 흰
모래와 강 자갈이 천연의 모습 그대로 깔려 있었다. 강 건너 저쪽으로
는 아침 안개가 채 걷히지 않은 안주 읍내가 한 폭의 수묵화로 다가왔
다. 강과 들과 산이 어우러지는 이 맑고 조용한 풍광은 남쪽에서는 이
미 오래전에 잃어버린 무공해 시절의 옛 모습 그대로였다. 나는 그동
안 쓴 남한의 답사기에서 환상의 드라이브 코스를 얘기하면서 구례에
서 하동까지 섬진강을 따라가는 길을 큰 생각 없이 우리나라에서 '둘
째'로 아름다운 길이라고 했는데, 그 첫째는 바로 여기를 위해 남겨둔
것이었던가 생각되기도 했다. 나는 스쳐가는 풍광을 놓치지 않으려고
느낌이 닿는대로 이렇게 메모해갔다.

　아침 안개가 채 걷히지 않은 안주 옛 고을을 아스라히 저쪽에 두
고 우리는 청천강을 건넜다. 청천강을 두고 넓게넓게 펼쳐지는 안주
평야 열두삼천골은 재령평야 나무리벌과 함께 북한이 내세우는 최대
의 곡창지대이다. 가을걷이를 이제 막 시작한 9월 하순의 안주들판
은 황금빛이다. 내가 충청도 내포평야나 전라도 만경평야를 지나면
서 노래한 그 풍요의 빛깔과 한 톨 다를 바 없다. 오늘따라 날은 맑고
바람은 소산하니 초가을 폭양을 받으며 제 몸을 익히던 벼포기들이
자모산인가 승리산인가에서 불어오는 소슬바람에 큰 파도를 일구며
양광을 되받아치면서 더욱 금빛을 발한다. 이날 안주들판의 논과 밭
은 남에서 온 이 손 아닌 손을 맞아 여기 보란 듯이 그렇게 밝게 빛나
고 있었다.

나는 도저히 이 청천강을 그냥 그대로 지나칠 수가 없었다. 나는 안 내단장인 용강 선생에게 안주벌을 묘사한 글을 보여주고서 청천강의 멋진 이미지를 잡을 수 있도록 잠시 고속도로 갓길에서 강바람을 쐴 수 있게 해달라고 부탁했다. 용강 선생은 이제는 내 습성을 잘 알아 별 단서 없이 청을 들어주었다.

강변길 난간을 잡고 고개를 한껏 빼고서 청천강을 굽어 내려다보니 저쪽 다리 아래로는 아낙네 몇이 어깨를 나란히 하고 빨래를 하고 있었고, 강 위쪽으로는 손수레에 모래작업하는 일꾼이 보였고, 또 저 아래쪽으로는 강물에 돌팔매질을 하며 물수제비를 뜨는 개구쟁이들이 있었다.

옛날에 실학자 초정(楚亭) 박제가(朴齊家, 1750~?)가 「묘향산 기행문」에서 이 물수제비 뜨는 모습을 아주 정겹게 묘사한 것이 있는데 200년 뒤 나 또한 그것을 바라보고 있는 것이었다. 북한에서는 이를 '겹물놀이'라고 말했다.

그렇게 하염없이 맑은 강물을 바라보고 있는데 용강 선생이 또 내 습성을 잘 알아 묻는 말이 있었다.

"교수 선생, 청천강에 대해선 무얼 조사해 왔습니까? 청천강을 읊은 멋진 시를 찾아낸 게 있습니까?"

"조사는 해봤지만 이상할 정도로 없어요. 『동국여지승람』에도 을지문덕(乙支文德) 장군의 살수대첩을 노래한 것이 한두 편일 뿐 서정적인 풍경을 읊은 건 없어요. 그 대신 안주 백상루에서 읊은 시들이 모두 청천강을 노래한 것이었어요. 그러니까 청천강을 가장 아름답게 바라볼 수 있는 곳이 백상루인 것 같습니다. 내가 자꾸 백상루에 가자고 한 것이 그 때문이었답니다."

이렇게 나오니 용강 선생은 약간은 미안했는지 나의 서운함을 지우려고 농을 섞어 얼버무렸다.

"백상루 가봤자 나그네 쉬기 좋다뿐이지 풍광은 이만 못합니다. 그런 데서 읊은 시라는 것은 한가로운 나그네 정서뿐이 더 있갔시오."

정말로 그랬다. 내가 지금 그렇듯이 길손의 서정이란 그렇게 산들바람 같은 데가 있다. 나는 김일성종합대학 조선어문학과 출신인 용강 선생이 뭔가 패기 있는 시를 알고 있을 것 같아 하나 알려달라고 했더니, 청천강과는 관계없다며 한사코 사양하다가 나의 쇠귀신 같은 요구를 못 이겨 조선시대 시조 한 수를 읊는데 정말로 센 시였다. 그 정도면 청천강의 을지문덕 장군도 벌떡 일어날 만했다.

벽상에 칼이 울고 흉중에 피가 뛴다
살 오른 두 팔뚝은 밤낮으로 들썩인다
시절아 너 돌아오거든 왔소 말을 하여라

나중에 『조선문학사』를 찾아보았더니 18세기 시조로 작자는 무명씨(無名氏)라고 되어 있었다.

문학의 소비자로서 독서 감상론

용강 선생의 문학적 소양은 대단하였다. 나는 그를 통하여 북한의 지식인들이 문학에 어떤 자세를 갖고 있는가를 알아보고 싶었다. 문학평론가 같은 전문가보다는 용강 선생 같은 좋은 독자, 또는 훌륭한 문학적 소비자의 입장을 들어보는 것이 그들의 생활정서를 알아보는 데 여러 면에서 유리하게 생각되었던 것이다.

"용강 선생, 짧은 시간에 상대방의 삶을 이해하는 데는 소설보다 좋은 게 없을 것 같은데, 내게 어떤 소설을 권할 수 있겠습니까?"

이에 용강 선생은 마치 기다렸다는 듯이 그의 문학 감상론 또는 현대문학 독서관을 풀어놓는데, 대단한 정도가 아니었다. 그는 문학에 프로인지는 잘 모르겠지만 아마추어는 아니었다.

"한설야의 『대동강』이 들판에 백설이 불어대는 아련한 분위기가 일품이라면 리기영의 『두만강』은 소똥내조차 풍기는 구수한 내음이 진합니다. 소설 『두만강』은 첫 문장부터 장중하죠. '바람은 연사흘째 분다.' 천세봉의 『석개울의 새 봄』을 보면 안개에 대한 세심한 표현이 아련하고 정서의 유현미가 그윽합니다……."

그는 독서 회상을 청천강 물줄기처럼 거침없이 쏟아냈다. 그리고는 나에게 혹시 알고 있는 북한의 시인이 있느냐고 해서 월북한 시인 리용악의 「오랑캐꽃」과 조기천의 「낙동강」을 감명깊게 읽었다고 대답하고서 나도 시를 좋아한다는 징표로 이용악의 「시골사람의 노래」 가운데 첫 소절 "귀맞춰 접은 방석을 베고 / 젖가슴 헤친 채로 젖가슴 헤친 채로 / 잠든 에미네며 딸년이랑 / 실상은 이쁜데……"를 외어 보였더니, 이번에는 자연히 시 감상론으로 넘어갔다.

"리용악은 조국해방전쟁 이후 「평남관개시초」에서 송아지 매매 우는 고개도 같고 용용한 물줄기도 같은 시를 썼고, 열정의 시인 조기천의 「백두산」은 조선의 고등중학생이라면 누구나 한 구절씩은 외우는 명시입니다. 특히 조기천은 조선말 어휘에 색깔을 입힐 줄 알아 '첩첩 층암을 창공은 치두루고 청년 하나이 바위에 올라섰다' 라고 하면서 '하나가' 가 아니라 '하나이' 라고 맛과 힘을 냈습니다.

석윤기의 「전사들」은 전쟁물을 생활화하는 데 성공했고 정문향은 딱딱한 것 쇠붙이에도 향기가 있음을 노래해 '파괴된 용광로에 새들이 집을 짓는다' 고 했어요. 정서천의 「날이 밝는다」 같은 시는 감정의 폭이 장중합니다. 그가 읊은 「메밀꽃」은 '메밀꽃 흐드러지게 핀 초가을 / 잠시 밭둑에 낫 놓고 이마의 땀을 씻노니 / 이야! 좋구나' 하고 낙차 큰 폭포처럼 떨어집니다……."

나는 말없이 그가 한평생 간직해온 문학의 진수들을 공으로 듣고 또 이렇게 공으로 풀어놓고 있다. 그때나 지금이나 나는 용강 선생의 문

향산호텔
세모뿔 모양의 15층 건물로 이는 주변의 산세를 막지 않도록 고안한 것이라 한다. 맨 꼭대기층에는 회전 식당이 있어서 사방을 두루 살필 수 있다.

학 감상론이 귀에 쟁쟁하게 울리는 것을 느낀다. 그런데 나중에 알아
보니 북한에서는 시를 암송하는 것이 하나의 교양으로 자리를 잡아 식
당 의례원(웨이트리스)과 접대원(호스티스)들도 즉석에서 애송시를 읊
어주곤 했다. 그것은 북한의 또 다른 면모였다. 아무튼 그는 나에게 문
학이 삶 속에 살아 있을 때 그는 얼마나 풍요로운 서정과 행복한 꿈을
갖고 사는가를 낱낱이 알려주었다. 그것은 청천강과 안주 열두삼천골
을 본 것 못지 않은 이번 답사의 보람이고 성과였다.

단천령과 초향이의 향산

사실 나는 스스로 문학의 한 소비자로서 누구만큼 문학을 즐기며 지
내왔고, 그로 인해 내 가슴속에 문학이 살아 있는 만큼은 풍요함을 느
껴왔다. 대동강에서 정지상과 김동인이 그 낯선 땅을 마치 꿈속의 고
향이나 되는 것으로 만들어주었듯이, 지금 내가 향하고 있는 향산은
벽초(碧初) 홍명희(洪命憙)의 『임꺽정』에서 피리 잘 부는 단천령이 향
산의 기생 초향이와 흐드러지게 노는 부분이 너무도 환상적이어서 내
머리 속에 하나의 영상으로 또렷이 각인되어 있는 곳이다. 특히 단천
령의 피리 소리를 묘사한 대목은 벽초의 문장의 매력을 남김없이 보여
준다.

단천령이 피리 부는 것을 들어보면 입김이 피리를 울려서 소리를
내는 것 같지 않고 천지 안에 가득한 피리 소리가 조그만 피리 속으
로 들어가려고 하다가 다 들어가지 못하고 남아서 허공에 흩어지는
것 같았다…….

향산에 머무르는 동안 풀벌레 요란히 울어대는 달밤이면 나는 이 단
천령의 피리 소리와 초향이의 가야금 소리를 생각하고, 또 그 순간을

기막히게 묘사한 벽초의 문장을 기억하곤 했다.

　달은 하늘 복판에 가까이 와서 있고 흰구름장은 온 하늘에 군데군
데 떠 있었다. 구름이 밝은 빛 가리는 것을 달은 좋게 여기지 아니하
여 여러 구름장들이 한달음에 뚫고 나가려고 달음질을 치는 것같이
보이었다. 달이 구름장에 들어가면 희미하고 나오면 환하여 희미하
고 환한 것이 연해 석바뀌어 변하였다.

그리하여 산은 묘향, 절은 보현이라 했다

북한의 대찰, 보현사

향산에 와서는 향산마을에 들를 것 없이 곧장 묘향산 쪽으로 꺾어 도니 이내 세모뿔 모양의 특색 있는 건물인 향산호텔에 다다랐다. 호텔에 여장을 풀고 우리는 당연히 제일 먼저 보현사(普賢寺)를 찾아갔다. 묘향산 보현사는 북한에서 가장 큰 절일 뿐만 아니라 북한 불교의 총림(叢林)격이었다. 남한으로 치자면 서울의 조계사에 송광사나 해인사를 합친 위상이라고나 할까. 아무튼 북한에서 절 하면 보현사였다.

묘향산 산마루에서 흘러내린 향산천을 따라 보현사를 찾아 사뭇 계곡 안쪽으로 오르자니 지금 여기가 남한땅인지 북한땅인지를 가늠치 못할 정도로 우리나라 산사(山寺)의 전형적인 진입로를 보여준다. 평소 나는 산사의 미학은 건물 자체보다 자리 앉음새에 있고, 산사의 답사는 진입로부터 시작된다는 생각을 갖고 있었는데 보현사 또한 예외일 수 없었다.

스님들 사회에서 유머 비슷하게 통하는 말 가운데 '입해출송(入海出松)'이라는 말이 있다. 해인사는 들어갈 때가 멋있고, 송광사는 나올 때가 기분좋다는 뜻이다. 산중에 오래 산 사람들의 경험에서 나온 미적 판단이니 틀릴 리 없을 것인데, 보현사는 들어갈 때고 나올 때고 사람의 가슴을 호방하게 열어주는 기상이 있었다.

진입로만 보자면 지리산 화엄사를 많이 닮았지만 열두 판 화판(花瓣)의 꽃숲 속에 앉은 자태는 문경 봉암사 같다고 하겠는데, 절의 크기는 고창 선운사처럼 크도 작도 않은 쾌적한 규모였다.

묘향산 어구, 향산천 기슭에 점잖게 들어앉은 보현사는 기본적으로 남북 일직선의 축선상에 조계문 · 해탈문 · 천왕문 · 만세루 · 8각13층석탑 · 대웅전을 배치해 뼈대를 갖추고, 대웅전 왼쪽으로 산자락을 타고 관음전, 영산전, 그리고 서산대사 · 사명당 · 처영스님의 영정을 모신 수충사(酬忠祠)를 별채로 모셔 경내는 크게 기역자 모양으로 건물이 들어앉았다.

보현사는 참으로 정결한 절집이었다. 6 · 25전쟁 때 반 이상이 파괴된 절을 복원하면서 가람배치의 기본이 되는 대웅전과 산자락에 바짝 붙어 용케도 살아남은 집들만 새단장했기 때문에 경내의 정원이 훤하게 조망된다.

그로 인해 생긴 넓은 공간에는 일제시기만 해도 31본사의 하나답게 많은 부속건물을 거느렸지만 지금은 그 빈터에 잔디를 넓게 심고 꽃나무를 운치있게 가꾸었다. 그래서 절집은 더욱 말쑥해 보이며 답답한 구석이 하나도 없다.

누운측백나무의 묘한 향기

내가 보현사를 찾아간 1997년 9월 28일은 비로봉 정상부터 물들어 내려오는 단풍이 아직 산자락 아래까지 다다르지 않아 초록의 싱그러

다라니 석당

보현사 경내에는 인근 불교 유물들을 옮겨놓은 것이 적지 않다. 앞에 보이는 것은 피현군 폐사지에 있던 고려시대 다라니 석당(石幢)이다. 유움이 남아 있을 때였다. 그래서 꽃밭의 홍초(칸나)가 마지막 붉은 홍채를 발하는 것이 더욱 선결(鮮潔)하게 느껴졌다. 안내원의 설명에 따르면 이 꽃밭에는 봄부터 가을까지 꽃이 지는 일 없도록 채송화·맨드라미·상사초(일일초)·원추리·장미·샐비어·비비추·백일홍 그리고 여러 종류의 국화꽃을 곳곳에 보기 좋게 배치했다고 자랑에 자랑을 더해 말했다.

안내원이 자신의 기본 임무를 다할 양으로 보현사의 내력부터 설명할 기색을 보이기에 내가 우선 절집 분위기를 즐기고 싶다고 했더니, "그러면 좀 걷잡니까" 하면서 산책길로 안내했다.

느린 걸음으로 좌우를 살펴보니 그 정갈함이 내무사열받는 군대 막사보다 더 깨끗했다. 고개를 아래위로 돌려 하늘과 땅을 반반으로 갈라보고 있자니 보현사를 둘러싼 산봉우리가 어찌나 동그랗게 감싸고 있는지 그 아늑함에 취해 제자리에서 맴을 돌기도 했다. 산중에 이런 분지가 있다는 것이 신기했고, 이런 분지를 찾아 절집을 세운 조상들의 슬기로움에 존경과 감사를 보냈다. 그러다가 우리의 발길이 측백나무에 감싸인 영산전에 다다랐을 때 아까부터 연하게 다가오던 그윽한 향기가 향수를 뿌린 듯 온몸을 휘감고 돈다.

"이게 무슨 향기죠?" 하고 물으니 안내원은 기다렸다는 듯이 신나서 대답했다.

"이거 말입니까? 누운측백나무 향기랍니다. 향기가 정말로 곱고 진하죠. 그래서 묘할 묘 자, 향기 향 자 묘향산이라 부르는 거 아니겠습니까!"

그러고는 측백나무 이파리 하나를 따주면서 잘 건사해 기념으로 삼으라고 했다. 그 이파리는 지금도 묘향산 안내 책자 속갈피에서 묘한 향기를 내뿜고 있다.

하지만 이상하게도, 정말로 이상하게도 나는 보현사에서 우리나라 산사의 그윽하고 깊은 향취를 느낄 수 없었다. 내가 좋아하는 순천 선암사, 서산 개심사, 강진 무위사 또는 안동 봉정사 같은 절에서 체감되는 일종의 선미(禪味)랄까, 아니면 조선 건축의 친숙함이 다가오지 않았다. 누운측백나무의 향취 같은 매력이 느껴지지 않는 것이었다. 그것은 어디에 물어볼 데조차 없는 스스로의 의문이었다.

그러다 보현사 넓은 절간을 두루 살피고 대웅전 툇마루에 걸터앉아 뻥 뚫린 요사채 빈터 너머로 우뚝한 탁기봉(卓旗峰)을 바라보노라니 스스로 일으켰던 그 의문의 실마리가 풀린다. 그것은 무엇보다 바로 저 요사채가 복원되지 않았기 때문이라는 생각이 들었다.

절집의 요사채는 스님들이 기거하며 밥먹고 잠자는 일상생활의 공간이지만, 건축가 민현식(閔賢植)씨가 적절히 지적했듯이, 성속(聖俗)이 어우러진 격조 높은 공간으로 승화된 경우가 많았다. 혹자는 요사채의 자유로운 건축으로 법당의 긴장감을 망친다고 불만을 말하기도 하지만, 기실은 빈틈없고 냉랭한 신앙행태에 숨통을 열어주며 신과 대중의 중계자 구실을 할 수 있는 공간 형식이다.

신이 있는 나라의 강점

또 한편으로 보면 절 마당의 기능 문제였다. 흔히 우리나라 절집의 기본배치는 탑을 중심으로 앞뒤로 만세루와 법당(대웅전 · 극락전 · 적광전)을, 좌우로는 참선을 하는 설선당(說禪堂)과 요사채인 심검당(尋劍堂)을 두어 가운데 마당을 중심으로 주변 공간이 유기적으로 연결되어 있다. 그것이 이른바 산지중정형(山地中庭型)이라는 것인데, 지금 보현사에는 그런 아늑한 마당이 없는 것이다.

나는 보현사 답사 때 그곳 주지스님인 최형민(崔亨珉) 선사의 안내도 받았다. 선사의 말씀에 따르면 북한에는 스님이 약 300명, 불교신도가 1만 5천 명 있고, 조선불교도연맹 본부가 평양에 있음을 말하면서 그들은 불편 없이 신앙생활을 하고 있다고 했다.

그러나 북한의 스님들은 대개 대처승으로, 절에서 기거하지 않고 사하촌(寺下村)격인 아랫마을에 살며 출퇴근한다. 그러니 설선당이고 심검당이고 일없이 복원할 까닭이 없었던 것이다. 북한의 스님은 남한과 여러 면에서 달랐다. 머리를 삭발하지 않은 분도 많았고, 법의는 우리식으로 먹물을 들인 납의(衲衣)가 아니라 일제시기 때 입던 검은 옷에 붉은 가사를 걸치고 있었다. 그러니까 내가 남한에서 대해온 스님들의 수도자로서, 성직자로서의 모습과는 사뭇 달랐다. 간혹은 그저 절간 관리인 같아 보였다.

나는 불교 신도도, 기독교 신자도 아니다. 나에게는 오직 문화유산에 대한 믿음밖에 없다. 그러나 나는 단 한번도 성직자적인 삶의 가치를 부정해본 적이 없다.

종교라는 것은 인간이 죽음의 문제를 해결하기 위해 만들어낸 인류의 정신적 문화유산 가운데 하나이며, 그 죽음의 무서움을 볼모로 하여 인간의 삶 자체에 규율과 구속을 가함으로써 현실사회에 높은 도덕과 평온한 질서를 부여해준다. 그것이 신이 있는 나라의 강점이다. 그런데 북한은 그런 신이 없는 나라로 비친다.

루이제 린저가 북한에 관한 오도된 편견을 바로잡아주기 위해 썼다는 『북한이야기』(1983년)에서도 역시 신이 없는 나라를 이야기하고 있다. 그러면서 린저는 북한 사람들이 굳이 종교의 필요성을 느끼지 않는 이유는 현실생활 속에서 종교보다 더 강력한 이데올로기의 신앙을 갖고 있기 때문이라는 점을 상기시키고 있다. 그들에게 신이 있다면 '위대한 수령님'이 있을 뿐이다. 그러나 그것은 현실 속의 이야기이지 현실을 초월한 죽음까지의 얘기는 아니다. 그러니까 북한은 여전히 신이 없는 나라이다.

남북이 갈라진 지 50여 년. 이 짧지 않은—어찌 생각하면 길지 않은—세월 속에 불교라는 신앙의 형태는 이렇게 큰 차이를 낳은 것이다. 하지만 나는 낙관한다. 남북의 스님들이 자유롭게 오가는 때가 오면 아마도 어렵지 않게, 언제 그랬냐는 듯이 부처님의 이름으로 신앙의 형식을 통일시킬 수 있을 것이다. 그럴 수 있는 것이 또 종교의 매력이며 힘이니까.

보현사 사적기

묘향산 보현사의 역사는 그리 길지 않다. 평양에 있는 광법사(廣法寺) 같은 절은 고구려 소수림왕 2년(372)에 불교가 전래되면서 바로 지은 우리나라 최고의 고찰이라는 명예를 갖고 있는데, 보현사는 고구려는 고사하고 통일신라시대도 아니라 고려하고도 현종 19년(1028)에 비로소 창건되었다. 이때는 묘향산 보현사가 아니라 연주산(延州山) 안심사(安心寺)였다.

이른바 명찰(名刹)이라는 소리를 듣는 절집을 보면 번연히 고려 때, 기껏해야 통일신라 때 절인 줄 알면서도 너나 없이 경쟁적으로 개창(開創) 시기를 끌어올려 우리나라에 불교를 가져온 묵호자가 세웠다느니, 아도 화상이 세운 것을 중창했다느니 하며 턱에 닿지도 않는 얘기로 치장하는 것에 비할 때 "우리 절의 역사는 아직 1천 년도 못된다"고 말하는 보현사의 정직성이 차라리 신선하게 느껴진다.

더욱이 묘향산으로 말하자면 그 옛날에는 태백산(太白山)이라고 하여 단군이 탄생한 전설의 고향으로, 지금도 법왕봉(法王峰)으로 오르는 길에는 단군굴이 있는 성산(聖山)임을 생각하면 더욱 그렇다. 이처럼 보현사의 역사에 전설은 없고 사실(史實)과 사실(事實)만 있는 것에는 나름대로 이유가 있다. 그것은 묘향산의 지정학적인 위치 문제였다.

고구려시대에는 아직 불교가 전국적으로 퍼지지 못했고, 번성한 곳도 도심 속이었지 산중이 아니었으니 묘향산에는 절이 미처 들어서지 못했다. 또 통일신라시대에는 통치가 여기까지 미치지 못했으니 절이 세워질 수 없었다. 그래서 하대신라(下代新羅)에 일어난 구산선문(九山禪門)이 해주 광자사(廣慈寺)에 머물렀을 뿐 그 이북에는 없었다. 고려왕조가 세워지자 그때까지만 해도 태백산·연주산이라고 불리던 묘향산이 국방상으로도 중요한 위치에 놓이게 되었다. 이리하여 그 국방상의 목적도 있어 변방에 큰 사찰을 짓게 되었으니, 이 절이 비로소 창건되어 처음에는 연주산 안심사라 했고 나중에 묘향산 보현사로 이름을 바꾸었던 것이다.

이 창건 불사를 담당한 스님은 탐밀(探密)과 굉곽(宏廓)이었으며 그 자세한 내력은 지금 보현사 입구에 세워져 있는 김부식 찬(撰), 문공유(文公裕) 글씨의 「묘향산 보현사 사지기(寺之記)」에 자세히 씌어 있다.

묘향산 보현사는 탐밀·굉곽 두 대사가 처음으로 이룩한 절이다. 탐밀의 본성은 김씨인데 황주(黃州) 용흥군(龍興郡) 사람이다. 25세에 출가하여 힘든 고행을 계속했다. 옷 한 벌과 발우 하나로 여간 춥지 않아서는 신발을 신지 아니하고 하루 한 끼의 식사로써 계(戒)를 지니고 배움을 부지런히 하였다. 이름난 고승들을 찾아 화엄교관(華嚴敎觀)을 전해 받고 현종 19년(1028)에는 연주산에 들어가 난야(蘭若, Aranya, 조용한 수행처)를 짓고 살았다. 그뒤 정종 4년(1038)에는 탐밀의 조카로 그의 제자가 된 굉곽이 이곳으로 와서 사방에서 모여드는 학승들을 수용할 절을 다시 짓게 되었다. 이때가 정종 8년(1042)으로서 저 동남쪽으로 100여 보 되는 장소에 땅을 택해 정사(精舍)를 무려 243간이나 이룩했다. 그리고 산 이름은 향산이요, 절은 보현이라 하였다. 두 스님이 죽은 뒤에도 제자들이 상속하여 불사

보현사 8각13층석탑
고려시대의 석탑을 대표하는 명작으로
상승감이 자못 장쾌하다.
고려시대의 평안도 지방 양식이며,
8각탑의 전통은 멀리 고구려 적부터
유래하는 것이다.

정확한 비례로 안정감을 확보하고 있는
이 탑에는 바람방울이 104개 달려 있다. 유

를 더욱 일으켰다. 문종 21년(1067)에는 임금이 이를 듣고 기뻐하여
땅과 밭을 내렸다…….

이후 보현사는 고려시대에 나옹(懶翁) 선사가 주석하고 조선시대에
는 서산대사(西山大師)가 머무르면서 우리나라 불교사에서 우뚝한 존
재로 그 여세를 오늘에까지 이어오고 있는 것이다.

북한의 불교 종합센터

북한 당국은 관광 차원인지 아니면 박물관 교육 차원인지, 보현사
경내에 불교역사박물관을 세우고 전국 사찰에서 나온 많은 불교유물
을 여기에 보관, 전시하고 있다.

내가 방문했을 때 소장품은 모두 5,430점이라고 했는데 불상이
101개, 불화가 84점, 불교장식품이 149점, 그리고 불경목판 원판과

팔만대장경 목판인쇄본 완질 1,159권 등이 있었다.

그 중에는 남한 학계에 금강산 출토 보살상으로 알려진 고려 말기의 대표적인 금동보살상도 있었고, 피현군 불정사(佛頂寺)에 있던 다라니 석당(石幢)도 있었으며, 또 금강산 유점사의 범종도 있었으니 가위 북한 불교미술의 센터 구실을 하도록 집결시켰다고 하겠다. 그런 가운데 보현사의 역사와 명성을 높여주는 유물은 단연코 고려 초에 만들어진 8각13층석탑이었다. 그것은 보현사의 자랑일 뿐만 아니라 북한에 남아 있는 석탑 중 가장 빼어난 상징적인 유물이다.

내남없이 모두 알고 있듯 중국은 벽돌탑, 일본은 목조탑, 우리나라는 석탑의 나라이다. 우리나라의 석탑은 백제 미륵사와 정림사에서 출발해 통일신라의 감은사와 불국사 석가탑에서 그 전형을 완성하였다. 그것이 이른바 2층 기단의 3층석탑이다.

그리고 세월이 흘러 후삼국을 거쳐 고려시대로 넘어가게 되었을 때 석탑은 각 지방 나름대로의 향토색을 띠게 되었다. 호족이 강해진 만큼 석탑에도 지방색이 반영된 것이다. 바로 그럴 시절 옛 고구려 지역에서는 이같은 8각석탑의 유행이 나타났다.

그 유행은 평양 영명사터의 8각탑을 거쳐 오대산 월정사(月精寺)의 8각9층탑까지 뻗쳤으니, 고구려의 정서 반영권이 얼마나 넓은가를 짐작케 하는 것이기도 하다. 그것이 왜 8각이었는가는 우리가 앞서 동명왕릉 정릉사에서 보았던 고구려 가람배치의 8각탑 전통에 뿌리를 두고 있었던 것이다. 지금 보현사 8각13층석탑은 바로 그러한 역사적·지역적 특성을 띠면서 천 년을 두고 우뚝한 것이다.

혹자는 말하기를 북한에는 석탑이 그리 많지 않다고 한다. 95%가 남한에 있다고 자랑 삼아 말하기도 한다. 그 수치를 어떻게 가늠할까는 별도로 치고, 설령 그렇다 하더라도 보현사 8각13층석탑 하나가 이곳 평안북도 향산군 향암리 묘향산중에 있다는 사실은 우리나라 석탑

문화의 지도를 부여와 경주를 넘어 여기까지 그리게 한다. 그게 어디 작은 일일 수 있겠는가.

책으로 수없이 보아왔고, 해마다 한국미술사 시간이면 슬라이드로 비추며 보아온 이 보현사 8각13층석탑은 사진보다 실물이 훨씬 준수하게 잘생겼다. 생각만큼이나 크고 세부의 묘사에도 게으름이 없고 마감질에 불성실은커녕 추녀마다 풍경, 북한말로 바람방울을 무려 104개나 달아매는 치밀성을 보여주고 있다. 비례를 정연히 유지하기 위해 7층 높이를 두 배로 한 수치를 기준으로 하여, 1층과 13층의 합, 2층과 12층의 합……, 그런 식으로 6층과 8층의 합이 같게 했다.

돌들은 이가 꼭 맞아 한치의 오차도 보이지 않는데, 새로 고쳐 얹은 상륜부도 솜씨가 제법이었다. 나는 탑돌이하는 신자인 양 돌고 또 돌며 탑을 어루만져보았다. 대웅전에 앉아 산자락을 배경으로 바라도 보고, 만세루에 올라 하늘을 배경으로 사진도 찍으면서 좀처럼 여기를 떠나지 못했다.

신혼여행 따라온 색시 친구들

그렇게 넋을 잃고 탑만 바라보고 있는데, 뜻밖에도 한 총각이 내게 다가와 "미안하지만 사진 좀 눌러주잡니까" 하는 것이었다. 그것은 내가 북한에 와 처음 대하는 민간인과의 만남이었다. 그렇지 않아도 원하던 바인지라 사진 한 방을 눌러주고는 요리조리 포즈를 다시 정비하게 해놓고 또 한 방을 찍어주며 정을 당겼다. 그들 일행은 나이든 부부와 한 쌍의 남녀, 그리고 처녀 넷이었다. 나는 당연히 말을 걸었다.

"어디서 오셨습니까?"
"평양에서 신혼여행 왔습니다."
"그런데 일행이 많습니다."

"부모님하고 신부 친구들이 같이 왔습니다."

　그러자 라운석씨가 북한에서는 신혼여행을 곧잘 이런 식으로 온다
고 보완설명을 해주었다. 순간 나는 북한 사람들의 일상생활에 생각
밖의 측면이 있음을 골똘히 생각하느라 잠시 말을 잊었다. 그러고는
그 짧은 침묵이 부담스러워 신부 친구들에게 농을 걸었다.

신혼부부
북한에서 일부 잘사는 집에서는 신부의 친구와 부모님을 모시고 신
혼여행을 떠나는 풍습이 있다고 한다.

"남의 신혼여행에 뭐 하러 따라옵니까? 좋아서 왔습니까, 부러워서 왔습니까?"

그러나 처녀들은 부끄러움을 타는 듯 만세루 기둥 뒤로 돌아 숨으며 미소로 대답을 대신하는데, 농담 잘하는 라운석씨가 한마디 했다.

"저런 걸 후천성 시집 매렴증이라고 합니다."

그러자 처녀들은 눈이 둥그래져 가지고 일제히 소리친다.

"이야, 놀림이 심하다."

그리고는 신혼부부 일행은 8각13층석탑으로 몰려가 맴을 돌면서 조금 전 나처럼 탑돌이하듯 석탑을 감상한다. 모두들 천진스런 손짓을 하며 뭐가 즐거운지 연신 웃음을 터뜨린다. 나는 저들의 저 청순한 살내음을 더 느끼고 싶어 자리를 일어나지 못했다. 신혼부부란 세상 어디를 가든 최상의 귀빈 대접을 받는 것이 사람이라는 동물사회의 본능적인 규범인지 모른다는 생각도 들었다. 그런 상념에 취해 있는데 라운석씨가 또 농을 건다.

"교수 선생, 그만 가자요. 교수 선생처럼 처녀들에 취해 일어나지 못하는 사람을 두고 북조선에서 애들이 장난으로 만든 말이 있습니다."
"뭔데요?"
"선천성 장가 고픔증이라고 합니다."

장엄하고도 수려한 산, 묘향산

장이역수(壯而亦秀)의 산

산에 관해 또는 우리나라 지리에 관해 관심을 갖고 있는 사람이라면 대개 묘향산을 한없는 동경의 산으로 여겨 마지않는다. 심지어 그 그리움이 넘쳐 "요 다음 통일되면 금강산보다 묘향산에 먼저 가보고 싶다"는 말을 서슴없이 하기도 한다. 산을 좋아하는 사람에게 묘향산이 그토록 매력적인 산으로 각인된 것은 무엇보다 서산대사의 그 유명한 말씀 한마디 때문이다.

"금강산은 수려하나 장엄하지 못하고(秀而不壯)
지리산은 장엄하나 수려하지 못하지만(壯而不秀),
묘향산은 장엄하고도 수려하다(壯而亦秀)."

얼마나 장엄하고 얼마나 수려하길래 그런 찬사가 나올 수 있었을까.

내가 첫번째 북한 답사에서 금강산이 아니라 묘향산을 먼저 신청한 것도 이런 이유에서였다.

결론부터 말해 묘향산은 '장이역수'라는 말값을 하고도 남음이 있었다. 내 아직 금강산을 가보지 못해 상대평가는 할 수 없지만, 산이 넓게 퍼진 것은 지리산을 닮았는데 골짜기 하나하나의 화려함은 설악산 계곡을 연상시킨다.

백두산에서 개마고원을 거쳐 느릿하게 뻗어내린 묘향산맥이 비로봉(1,909m)에 이르러 불끈 솟아난 것이 묘향산의 정상인데, 여기부터 산세는 강파르게 깎이며 진귀봉·천태봉·향로봉·오선봉으로 100m씩 낮아지면서 법왕봉(1,389m)에 다다라 문득 멈춘다. 이 비로봉과 법왕봉 사이 30리 산마루는 봉우리마다 계곡을 형성하니 그것이 문수동계곡·만폭동계곡·천태동계곡·칠성동계곡이다. 우리는 그 중 가장 장엄하다는 만폭동계곡부터 답사하였다.

안심사 부도밭은 '떼부도'

만폭동으로 오르는 초입에서 우리는 뜻밖에도 안심사 부도밭을 보게 되었다. 안내자들은 큰 의미 부여 없이 그냥 한번 들르려고 한 모양인데 결코 그럴 유적이 아니었다.

한 절집의 역사와 사세(寺勢)가 어떠했는가를 알아보는 방법에는 여러 가지가 있겠지만, 그 가운데 내가 빼놓지 않고 살펴보는 것은 뒷간과 부도밭이다. 거찰(巨刹)의 뒷간, 절집 용어로 해우소(解憂所)는 참으로 거대하다. 지금은 헐렸지만 공주 갑사와 마곡사, 아직도 건재한 해인사 홍제암의 뒷간은 그 자체가 이 절집의 위세를 증명하고도 남음이 있다. 얼마나 많은 사승(寺僧)이 있었기에 해우소가 그리도 컸던 것인가.

또 하나는 부도밭이다. 부도(浮屠)란 고승의 사리탑(舍利塔)으로,

안심사 부도밭
44기의 부도가 장관으로 펼쳐져 있다. 서산대사 부도는 한국전쟁 때 폭격당한 채 쓰러져 있다.

대선사가 열반하면 다비해 수습된 사리를 모신 석조물이다. 9세기 하대신라에 8각당 형태로 시작하여 고려시대를 거치면서 석탑형과 석종형(石鐘型)이 생기고, 조선시대에는 보주형(寶珠型)과 지붕돌을 얹은 달걀형 부도로 다양하게 바뀌어갔다.

그것도 시대의 조류를 남김없이 반영하는데, 한 절간의 부도밭에는 그 절을 거쳐간 고승들의 사리탑이 한자리에 모셔지게 마련이니 얼마나 많은 큰스님을 배출했는가는 여기를 보면 알 수 있는 것이다. 그래서 조계산 선암사, 지리산 화엄사, 두륜산 대둔사 같은 큰 절의 부도밭은 아예 절집 입구에 장하게 자리잡고서 은근히 사세를 과시하는 한 상징물이 되기도 한다.

묘향산 보현사를 찾았을 때도 나는 뒷간과 부도밭부터 찾아보았다. 뒷간은 이미 전란에 허물어져 다시는 복원되지 못한 모양인데, 돌부도야 어디에고 건재할 것이니 그것이 궁금했다. 절집을 다 둘러보아도 부도밭이 보이지 않아 주지스님께 물었더니 계곡 저 안쪽으로 한참 올라가면 보현사의 할아버지 절인 안심사터에 부도밭이 있다고 했는데, 이제 만폭동 등반길에 계곡 초입에서 그 현장을 들러보게 된 것이다.

안심사 부도밭은 이제까지 내가 본 것 가운데 남북한 통틀어 가장 거대한 부도밭이었다. 북한식 학술용어로 '부도떼'인데, 44기의 부도가 널찍이 펼쳐진 모습은 차라리 '떼부도'라고 하는 것이 느낌상 맞을 듯했다. 비슷비슷한 형태의 조형물이 집체적으로 펼쳐질 때 오는 일종의 총체미는 몹시 강렬한 법이다. 개나리꽃은 꽃 한 송이가 아름다운 것이 아니라 무더기로 피어날 때 아름다운 것과 같은 원리이다.

안심사 부도밭에는 44기의 부도와 19기의 비석이 남아 있다. 가장 오래된 것은 고려 말의 대선사였던 지공(指空)과 나옹의 부도로 1384년에 세워졌고, 가장 유명한 것은 1632년에 세워진 서산대사의 부도이다. 그리고 나머지는 서산대사 제자의 제자들로 임진왜란 이후 불교 중흥에 힘썼던 남파당(南坡堂)·월파당(月坡堂)·허정당(虛靜堂) 등 일세의 고승들 사리탑이었다.

나는 먼저 서산대사비를 살펴보았다. 6·25전쟁 때 폭격을 맞아 비는 동강나고 부도는 엎어져 있었다. 그래도 옛 자취를 남김없이 읽을 수 있는데 비문은 놀랍게도 유명한 재상이었던 월사(月沙) 이정구(李廷龜, 1564~1635)가 지은 것이었다. 준비 없이 와서 익히 아는 분의 이름 석 자를 보았을 때 생기는 반가움이란 적지 않은 기쁨이다. 그러나 따지고 보면 그 기쁨은 유식해서 얻는 것이 아니라 실은 무식한데도 아는 분이었다는 반가움이었다. 그럴 때는 차라리 무식할수록 기쁨이 크다고 해야 할 것이다.

유식해서 반가운 것은 따로 있다. 옛날 선조 때 유명한 시인인 백호(白湖) 임제(林悌, 1549~87)가 이곳에 와 지은 「안심사」라는 시를 보

서산대사비
한국전쟁 때 총탄을 맞은 서산대사비는 월사 이정구가 지은 것이다. 내 곁에 있는 분
이 묘향산 안내실장 김인국씨.

면 사뭇 다르다.

> 안심사 경치 제일이라더니
> 산 속 깊이 돌문 찾아드니
> 땅은 넓어 서속 심기 좋고
> 산조차 고요하여 바둑구경 할 만하네.
> 푸른 여울 맑아 메아리치고
> 기암은 아슬아슬 넘어질 듯한데
> 깨진 비석은 목은의 글인지라
> 풀 헤치고 이슥토록 앉아 보네.
> 第一安心寺 幽尋叩石扉
> 地平宜種秫 山靜可觀棋
> 碧瀨淸猶響 奇巖逈絶依
> 殘碑牧老筆 披草坐移時

나는 이름 석 자 아는 게 반가웠고 임백호는 1천 자의 비문을 읽는 것이 즐거웠던 것이니 그 차이는 얼마나 큰 것인가. 사실 나야말로 열 일 제치고 여기에 오래 머물러 저 비문에 새겨진 글을 더듬으며 이 옛 자취에 서린 역사를 복원해볼 사람이고, 그런 일을 하는 것이 세상이 나 같은 사람에게 부여한 임무이다. 그러나 나는 지금 여느 관광객, 탐 승객과 마찬가지로 잠시 사진 찍고 두어 개 눈여겨보고 있자니 스스로 생각해도 부끄러울 뿐이다.

헤일 수 없이 많은 폭포, 만폭동

우리는 안심사터에서 자동차를 타고 오를 수 있는 만큼 더 올랐다. 그리하여 만폭동 어귀에 다다르니 차에서 내리자마자 눈앞에 예쁜 폭포 하나가 보인다. 안내자들은 폭포를 보면서 한참 가물어 물이 적다고 아쉬움을 말했지만 내 눈에는 그리 적어 보이지 않았다. 사실 남한 땅에서는 답사길에 폭포 구경하기가 쉬운 일이 아니었다.

나는 폭포에 다가가 떨어지는 물줄기와 물보라를 놓칠세라 사진을 찍었다. 폭포 가까이 빗돌이 있어 읽어보니 서곡(序曲)폭포란다. 만폭동의 폭포는 이렇게 문자 그대로 서곡부터 시작했다.

일행들이 폭포 좌우로 퍼져 좀처럼 떠날 줄 모르니 농담 잘하는 라운석씨가 초장(初章)부터 웃기기 시작한다.

"교수 선생, 묘향산에선 아낄 것이 두 개 있으니 하나는 감탄사요, 또 하나는 필름입니다. 그만 갑시다."

아닌 게 아니라 그날 나는 필름이 떨어져 김형수 차장에게 두 통을 더 얻어 썼다. 그리고 감탄사를 남발해 나중에는 폭포를 만나면 감탄사가 아니라 "또 폭포야!" 하면서 나도 모르게 경상도 사투리로 "지깁다, 지겨!"라고 소리쳤다.

지금 기억에 남은 폭포만도 무릉폭포, 은선폭포, 유선폭포, 비선폭포, 9층폭포, 그리고 저 멀리로 또 은하(銀河)폭포⋯⋯. 권영빈 단장은 "내가 평생 본 폭포보다 수가 많겠지?"라고 했다.

그리고 나는 이 골짜기 이름이 만폭동(萬瀑洞)인 사연은 폭포가 헤아릴 수 없이 많음에 있음을 멍청하게도 그제서야 알았다.

만폭동 등산길에 나는 은선대 쉼터에서 잠시나마 깜짝 놀랐다. 어떤 예쁜 처녀가 장사판을 벌여놓았는데, 코카콜라·환타·버블껌이 정자 난간에 줄지어 있는 것이었다. '기어이 여기까지 들어왔구나!' 싶었다. 기념 삼아 콜라 하나를 사 마시며 판매원에게 물었더니 개인 장사가 아니라 입구에 있는 '건식매대(乾食賣臺)'에서 파견나온 것이란다.

말하자면 이동판매원인 셈이었다. 주로 외국인 관광객을 상대하며 하루 20개쯤 판다고 했다. 우리가 만폭동에 올랐을 때도 일본·타이완·러시아 관광객이 버스로 한두 대씩 와 있었다.

만폭동 등산길은 사뭇 화강암 골바위길이었다. 그래서 미끄러질 곳은 계단을 파고, 가파른 곳은 철난간에 쇠줄을 달아매고, 계곡을 가로지르는 흔들다리도 몇 개 있었다. 그래서 서울 북한산 오르는 것보다 오히려 쉬웠다. 그런데 경관은 설악산 천불동, 덕유산 구천동 같았다.

그때는 초가을을 넘겨 산 중턱부터 단풍이 절정이었다. 참나무·박달나무·층층나무·가문비나무·닥나무의 누렇고 노란 단풍을 배경으로 삼아 새빨간 단풍나무가 곳곳에서 붉은빛을 뿜어내는 자태는 너무도 원색적이어서 곱다 못해 차라리 '뽕짝기'가 있는 '이발소 그림'의 풍광 같았다.

휘파람새 우는 사연

우리는 비선폭포가 올려다보이는 비선정(飛仙亭) 정자까지만 올랐다. 그리고 거기에 길게 앉아 묘향산 만폭동의 장엄한 폭포를 마냥 즐겼다. 이제 떨어지는 물줄기도 신비롭지 않고, 시끄럽기만 하던 물소리마저 익숙해지니 빈 하늘을 크게 휘젓고 다니는 까마귀가 까르르 깍깍 우는 것이 가까이 들렸다. 내가 무심코 "까마귀 소리도 남북이 같구나!" 하니 라운석씨가 우스갯소리 하나 한다며 종장(終章)으로 웃겼다.

"저 까마귀 소리는 듣기에 따라 백 가지로 들린답니다. 어떨 때는 '까불래, 너 까불래' 하는데, 묘향산 까마귀는 '어 짜, 어 짜다' 하는 겁니다. 왜냐하면 묘향산 탐승객이 와서 곽밥 먹고 버리고 간 걸 까마귀가 뒤져보니 김치·단무지·고추장밖에 없거든요. 그래서 '어 짜, 어 짜다' 하는 겁니다."

얘기가 하도 재미있어 한바탕 웃고 나서 나는 들은 값으로 꾀꼬리
소리 얘기를 해주었다.

"꾀꼬리는 처녀의 넋이 변한 새인지라 울 때마다 '머리 곱게 곱게
빗고 시집 가고지고' 라고 운답니다."

그러자 라운석씨는 꾀꼬리 소리를 흉내내면서 운을 맞춰보더니 맞다고
좋아하면서, 그러면 휘파람새가 어떻게 우는지 아느냐고 내게 물었다.

"알다마다요. '휘이익 쪼르르르, 휘이익 쪼르르르, 쪽쪽쪽, 쪽쪽
쪽' 아닙니까. 목청 구르기는 얼마나 잘 구르고 소리 꺾기는 또 얼마
나 잘 꺾습니까?"
"그러면 그 뜻도 압니까?"
"뜻이라뇨?"
"휘파람새는 홀아비 귀신이 변한 새랍니다. 그래서 '호올딱 벗고
자자, 호올딱 벗고 자자. 호호호, 호호호' 하고 우는 거랍니다. 그런
데 그건 홀아비가 들을 때 그렇게 들리는 것이고, 과부가 들을 때는
오히려 '호올애비 ㅈ, 호올애비 ㅈ, ㅈㅈㅈ ㅈㅈㅈ' 이랍니다."

우리는 서로 죽이 맞아 배꼽을 잡고 웃으며 그는 내게 배운 꾀꼬리
소리를, 나는 그에게 배운 휘파람새 소리를 골백번 흉내냈다. 그러자
하늘에는 한 무리 까마귀들이 날며 우는데, 그 소리는 마치 '너 까불
래, 너 까불래' 하는 것도 같았고 '안 갈래. 너 그만 안 갈래' 하는 것
도 같았다.

천태폭포
묘향산에는 헤아릴 수 없이 많은 폭포가 있었다. 그래서 골짜기 이름도 만폭동이 되었던 것이다.

묘향산 물은 흐르면 폭포요, 마시면 약수라

우리는 묘향산에서 다시 만났다

묘향산 답사기간 3박 4일 동안 우리는 내내 향산호텔에 묵었다. 향산호텔은 북한이 자랑하는 관광호텔로 향산천 기슭 경관 좋은 곳에 자리잡고 있다. 피라미드형 15층 건물인 향산호텔에는 '손님방(客室)'이 모두 228개인데, 손님방에서 창밖을 내다보면 산자락을 양쪽 품에 끼고 멀리 읍내까지 달리는 향산천이 아련하게 펼쳐진다.

건물 형태를 세모뿔 모양으로 위를 좁혀간 것은 육중한 건물이 묘향산 산세를 가로막는 일이 없도록 하기 위함이었다고 하는데, 15층 꼭대기층에는 회전식당이 있어 거기서 묘향산을 조망하는 것이 또 한 차례의 볼거리이다.

호텔의 부대시설은 남한의 관광호텔과 다를 것이 없다. 넓은 현관 로비를 중심으로 연회장·휴게실·오락실·도서실·매점·매장이 둘러 있다. 승강기 입구에는 한쪽으로 '안마'와 '미안'이라는 표지판이 붙어 있었다. 안마는 알겠는데 미안이 무엇인지 도통 짐작이 가지 않아 화살표를 따라가보았더니 문 앞에 영어로 '페이스 마사지(Face Massage)'라고 씌어 있었다. 아하! 아름다울 미(美) 자에 얼굴 안(顔) 자인 게로구나!

남한과 다른 것이 있다면 주차장이 따로 없다는 사실이다. 내가 머무르는 동안 호텔 앞에 열 대 이상 주차하는 것을 보지 못했다. 그런데 차들이 하나같이 현관을 향해 머리를 박고 늘어선 모습을 보면서 옛날 생각이 났다. 1960년대까지만 해도 자동차는 귀물인지라 현관을 막고 으스대듯 모셔두는 것이 서울의 풍습이었다.

밤이면 손님방에서 비디오를 볼 수 있었다. 첫날에는 「먼 훗날의 나의 모습」이라는 극영화를 보았다. 이튿날에는 내가 사전답사 조사를 하면서 알아둔 「우리는 묘향산에서 다시 만났다」라는 흥미로운 제목의 영화를 보게 해달라고 특별주문했더니, 가능하기는 하지만 지정 신청에는 대여비를 따로 내야 한다는 것이다. 그 대신 다른 손님방 손님들은 공짜로 보게 된다고 했다.

「우리는 묘향산에서 다시 만났다」는 유명한 연애영화인지라 북한 주민들은 거의 다 몇 번씩 봐서 알고 있었다. 특히 여자주인공은 「꽃파는 처녀」의 인민배우 홍영희, 남자주인공은 20부작 장편 첩보영화 「이름 없는 영웅들」의 인민배우 김룡린이 나와 더욱 사랑받았다.

내용은 한 역사학자(김룡린)가 시인인 아내, 화가인 딸(홍영희)과 함께 묘향산 인민휴양소에 왔는데 딸이 묘향산의 석자공(石字工)과 사랑하게 되는 과정을 그린 것이다. 석자공이란 산 벼랑에 '주체사상 만세' 등 표어를 새기는 일꾼인지라 귀하게 기른 딸이 그런 노동자와 연애하는 것을 못마땅해 하던 어머니가 석자공의 자작 낭송시를 듣고는 두 사람의 사랑을 허락한다는 내용이다. 이 영화의 하이라이트인 석자공의 낭송시는 자못 서정적으로 시작한다.

"아마도 수수 천 년이 흘렀으리
비로봉이 솟아나고 만폭동이 생기고
수려한 밀림이 여기 설레인 것은
아마도 수수 만 년을 전해왔으리
호랑이도 말을 했다는 그 시절
인호대의 절경을 저 혼자 볼 수 없어
길 가던 나그네를 청했다는 전설
물어보자 묘향산아 긴긴 그 세월
너의 아름다움을 즐긴 이 몇몇이더냐
할아버지는 머슴꾼 아들은 발 벗은 아이
산천을 즐기기엔 허리가 무거웠고
들밭이 너무도 험했구나……."

그리고는 묘향산이 인민공원으로 개발되는 과정을 줄줄이 예찬하고
마지막에 가서는 "낙원의 상상봉에 내가 사는구나! / 아! 인민이 사는
구나" 하면서 선동적으로 끝맺음을 한다.

사실 북한에 와서 본 놀라운 풍습의 하나는 이러한 낭송시가 일상화
되어 있다는 점이었다. 우리가 흥이 나면 유행가 부르듯 즉흥시 하나
를 척 내놓는 것은 신기하기도 하고 사람을 주눅들게 하기도 했다. 개
중에는 못하는 사람도 있고 특히 잘하는 사람도 있었는데, 그것은 노
래 잘 부르고 못 부르는 사람 있음과 마찬가지였다.

용이 치솟고, 호랑이가 이끌어준 곳

우리의 묘향산 답사는 지독한 강행군이었다. 이름난 정자와 암자를
두루 살펴보자니 매일 산골짝 중턱까지 등반하지 않을 수 없었다. 그
렇게 이틀을 보내자 벌써 팔다리가 뻑적지근하고 입맛이 당기지를 않

상원암

향산 제일암이라는 별칭이 있을 정도로 묘향산에서 가장 오래되고 규모가 큰 암자이다. 신의주에서 소풍 온 학생들이 막 암자를 떠나고 있다.

앉다. 그래도 한 그릇 먹어야 또 산에 오를 것이기에 아침 밥상을 기다리고 있는데, 건너편 식탁에서 러시아 관광객들이 빵을 먹는 모습이 보였다. "옳거니" 하고 나는 의례원을 불렀다.

"경숙 동무, 나도 빵 좀 먹을 수 있을까?"
"그러면 밥은 어떡하고요?"
"빵만 먹고 산에 오를 수 있나? 밥도 좀 먹어야지."
"그러면 이렇게 하자요. 빵 100g에 밥 100g 주문합시다."

나는 그제서야 북한의 식단이 그램제라는 것을 알았다. 접때 평양 옥류관에서 먹은 냉면─평양냉면을 평양에서는 그냥 냉면이라고 한다─도 보통은 200g짜리였고 내가 시킨 이른바 곱빼기는 300g짜리였다. 그리하여 나는 빵 100g에 밥 100g으로 든든히 배를 채우고 상원동 계곡에 올랐다.

상원동 계곡은 묘향산 답사의 하이라이트였다. 가장 아름다운 정자인 인호대(引虎臺), 가장 권위있는 암자인 상원암(上院庵), 가장 장엄한 폭포인 용연(龍淵)폭포, 가장 넓은 전망을 가진 불영대(佛影臺)가 모두 이 답사 코스에 있었다. 한 바퀴 돌아 나오는 데 8km, 4시간 길이었다.

상원동 계곡에는 만폭동 못지 않게 폭포가 즐비했다. 햇살이 눈부시게 부서지는 금강(金剛)폭포, 인호대 아래 있는 대하(臺下)폭포, 포말이 구슬처럼 흩어지는 산주(散珠)폭포, 그리고 용이 치솟아 오르는 듯하다는 용연폭포. 그 중 용연폭포는 가위 장관이라 할 만했다. 미끄럼바위를 타고 내리던 물줄기가 깎아지른 절벽으로 떨어지면서 절묘하게도 똬리를 한번 틀어 한숨을 고른 다음 84m 아래로 쏟아지니, 폭포는 과연 용틀임을 연상케 한다.

용연폭포 머리 위에는 좌우로 인호대와 상원암이 있다. 용연폭포를 곁에 두고 철난간에 의지해 벼랑 하나를 기어오르면 아슬아슬한 절벽 위에 멋진 정자가 바로 보이는데 이것이 이름도 유명한 인호대이다.

인호대는 그 전설이 두 가지로 전해진다. 하나는 폭설로 길 잃은 나무꾼이 호랑이가 꼬리로 표시해준 길을 따라왔다는 것이고, 또 하나는 아름다운 경치에 취한 사슴이 혼자 보기에는 너무 아까워 지나가는 호랑이를 불러 같이 보았다는 것이다. 그래서 '끌 인(引)' 자, '범 호(虎)' 자, 인호대라는 것인데, 흔히는 전자를 말하지만 어법상으로도 내용상으로도 후자가 더 잘 어울린다.

인호대 정자 난간에 기대서니, 저 멀리 향산천이 끌고 가는 탐밀봉·문필봉·깃대봉이 운해 속에 떠오르다 잠기고, 잠겼다 떠오르는 장엄한 산세와 마주하게 된다. 아! 이래서 묘향산은 수려하고도 장엄하다고 했던 것인가!

인호대에서 다시 발길을 돌려 폭포 윗머리 계곡을 건너니 바로 향산제일암(香山第一庵)이라는 별칭을 갖고 있는 상원암이 나온다. 16세기에 지어진 암자로 기도처·수도처·정지칸에 수각(水閣)까지 있는 제법 큰 규모이다. 그러나 산중의 암자에 와서 건물 생김을 따지는 것은 부질없는 일, 중요한 것은 어떤 곳에 자리잡았는가이다. 상원암은 그 중 아늑함을 택했다. 아마도 발 아래 있는 용연 폭포의 장쾌함과 저쪽 편 인호대의 호방한 전망이 기실은 상원암에 속한 것이니 암자 자체는 오히려 그윽함을 택한 것이리라.

그래서였을까? 조선 중기의 낭만적 서예가였던 양사언이 특유의 유려한 필치로 써내려간 '신선굴택(神仙窟宅) 운하동천(雲霞洞天)'이 상원암 앞 계곡 큰

인호대
상원동 계곡에서 가장 장쾌한 전망을 가진 정자로 호랑이가 인도해주었다는 전설을 갖고 있다. 인호대 아래에는 용연폭포, 건너편에는 상원암이 있다. 저

바위에 새겨져 있다.

> "신선이 사는 집 여기던가.
> 구름 안개 골 안에 비껴 있네."

두봉화 지천으로 피어난 불영대

상원암에서 축성전(祝聖殿)과 불영대를 돌아 금강대로 내려가는 길은 사뭇 부드러운 육산이다. 강파른 벼랑을 타고 넘어온 탓인지 두툼한 낙엽을 밟으며 느끼는 탄력이 여간 경쾌하지 않다. 잘 자란 나무들이 하늘을 가려 길은 어둡고 음습하지만, 가벼운 바람에도 일어나는 묘향산의 싱그러운 향취에 힘겨운 줄 모르고 단숨에 산마루 하나를 넘었다.

고갯마루에 올라 하늘이 다시 넓게 보이게 되자 발 아래로 암자 하나가 편안히 자리잡고 있는 것이 보인다. 그것이 불영대였다. 불영대도 서산대사 시절에 세운 암자였는데 여기가 바로 묘향산 사고(史庫) 자리이다. 임진왜란 때 전주사고의 왕조실록을 이곳으로 피난시켰다가 병자호란이 일어날 것 같자 무주(茂朱) 적상산(赤裳山)으로 다시 옮길 때까지, 즉 1606년부터 1628년까지 22년 동안 보관했던 것이다.

불영대 역시 빼어난 전망을 갖고 있었다. 넓은 앞마당으로는 철쭉꽃을 많이 닮은 두봉화(斗蜂花)가 지천으로 피어 있다. 내 키보다 더 큰 두봉화숲에 진분홍 꽃이 만발할 때 그 황홀경은 지리산 세석평전이나 한라산 영실의 철쭉 못지 않을 성싶다. 불영대 앞으로는 운해를 이루는 계곡 저 너머로 돛대봉에서 문필봉까지 혹은 높이 솟고, 혹은 느리게 이어가는 산자락이 가뭇없이 펼쳐진다. 그 광활함과 호쾌함을 어떻게 표현할지 엄두도 나지 않는데, '불영대 달돋이'가 향산 8경의 하나라 했으니 그 월출의 아름다움은 또 무어라 말할 것인가.

불영대

두봉화가 군락을 이룬 넓은 터에 자리잡은 불영대의 전망은 멀리까지 아름답게 펼쳐진다. 게다가 달 뜨는 모습은 묘향산 8경의 하나로 꼽힌다. 자

빵 100g에 밥 100g으로 아침밥을 든든히 먹었지만 높은 벼랑 큰 고개를 넘고 넘어 벌써부터 시장기가 일어나더니 허기지던 육신은 그저 빨리 내려갈 궁리만 했는데, 여기 불영대의 장관 앞에서는 차마 발길을 돌리지 못했다. 이제 다시 하산을 서둘러 전망이고 풍광이고 눈에 둘 것도 없이 가파른 비탈을 내려가자니 또다시 빈 속이 울려 기운을 쓸 수 없었다.

그러나 눈이 보배였던가 먹을 복이 있었던가, 손에 잡힌 굵은 다래 덩굴을 따라 올라가며 더듬어 살피니 아직 서리당하지 않은 다래 열매가 한 움큼이었다. 그 왕다래의 황홀한 맛이란!

4시간 등산길을 마냥 노닐며 6시간 만에 돌았으니 얼마나 속이 곯았을까. 그래도 다래 덕에 먼저 날아와 금강대 정자에 와서 뒤에 처진 일행을 기다리는데, 아직 올 기미조차 보이지 않았다.

저마다 읊어대는 자작시

금강대에서 뒤에 처진 일행을 기다리면서 우리는 심심파적으로 시 짓기를 했다. 먼저 안내단장에게 낭송시 하나를 청했다. 문학에 일가견이 있는 안창복 참사는 시 창작에도 능해서 처음 만났을 때와 헤어질 때 감회를 즉흥시로 읊어 우리를 기쁘고 놀랍게 해준 바 있다. 안내단장은 결국 내 요구에 못 이겨 한 수 읊었다.

> "산상에도 상상봉
> 더 오를 수 없는 곳에
> 우리 모두 형제의 정으로 여기 섰구나
> 아! 장쾌함이여!
> 수려함이여!
> 민족의 산, 묘향산이여!"

우리의 묘향산 등반 안내는 묘향산 등산강사실의 김인국 실장이 맡아주었다. 그는 능란하게 유적과 전설과 옛 시인의 시구를 설명해주었는데, 말끝마다 '위대한 수령님'이나 '친애하는 지도자 동지'가 몇년 몇월 몇일에 몇 번째 왔을 때 이 자리에서 무슨 말을 했다는 것을 빠짐없이 하느라고 늘 무언가를 말하고 있었다. 그래서 나는 그를 '향산방송국'이라고 불렀다. '향산방송국'도 이 자리에서 자작시 한 수를 읊었는데, 그의 시에는 고(古)투가 많았다.

"불타는 단풍숲이 물에 어리니
골 안은 붉은 구슬 그을러 내린 듯
오르자니 무릉폭포 걸음 붙들고
머물자니 유선폭포 어서 오라 부르네."

그리고는 여지없이 방향을 틀어 "아! 우리 당이 열어준 사랑의 등산길 / 웃음 안고 노래 안고 오를수록 끝없어라"로 끝맺는다.

일행 가운데 은근히 웃기기 잘하는 라운석씨는 경제가 전공인지라 문화적 교양이 없다며 줄곧 즉흥시를 못한다고 사양했다. 그런데 이날은 라운석씨도 한 수 준비되었다고 자진해 낭송하는데 그게 장관이었다. 목청은 크고 억양에는 평양방송국 아나운서 같은 '뽕짝기'가 있었다.

"묘향산 물은 떨어지면 폭포요
구르면 구슬이요
흐르면 명주필이요
마시면 약수라."

그러자 안내단장이 "그게 그냥 말이지 시는 무슨 시란 말이오"라며 웃음 섞인 핀잔을 주어 모두가 한바탕 웃고 말았다.

그리고는 평양으로 돌아온 며칠 뒤 라운석씨가 내게 찾아와 은근히 부탁하는 것이 있었다.

"교수 선생, 북조선 답사기에 내 낭송시를 얘기할 겁니까?"
"아, 물론 소개해야죠."
"그러면 끝 구절을 이렇게 고쳐주십시오. 내 시에 사회성이 약한 것 같으니 말입니다."

그러면서 내게 준 메모지에는 이렇게 씌어 있었다.

"허나
묘향산 물보다
내 심장에 진하게 남는 건
잠깐 만나도 느끼는 민족의 정이어라
물, 물, 물."

나는 그의 정성과 용기가 가상해 작시(作詩)의 변을 늘어놓을 기회를 주었다.

"운석 동무, 그런데 마지막에 물 물 물 한 것은 뭡니까?"
"아, 그거요. 우리 일전에 연광정에서 고려 때 시인 김황원의 미완성 시에서 산, 산, 산 하고 끝난 걸 보지 않았습니까. 그걸 좀 흉내 냈죠. 어떻습니까. 괜찮죠?"

내 마음을 갈무리하는 고요한 암자

서산대사의 수도처 금강굴

우리의 묘향산 답사는 마지막 날에도 암자에 오르는 것으로 일정이 잡혀 있었다. 하나라도 더 보여주려는 북측 안내단의 마음씀씀이를 모르는 바 아니지만 보통 힘든 일이 아니었다. 마치 연사흘 삼시 세끼마다 맛있는 요리를 먹다 보면 요리 소리만 들어도 물린 격으로 암자는 안중에도 없고 쉴 궁리만 일어났다. 나는 리정남 연구사에게 슬며시 부탁해보았다.

"리선생, 암자는 그간 실컷 보았으니 오늘은 불교박물관이나 다시 찬찬히 보는 것이 제가 답사기 쓰는 데 유리할 것 같습니다."

리선생은 예기치 않은 나의 요구에 머뭇거리며 얼른 대답을 주지 않았다. 대부분의 신중파들이 그러하듯 리선생이 즉각 좋다고 하지 않은

금강굴
바위틈에 만든 암자인 금강굴은 숨은 듯이 겸손하게 지어졌다. 여기는
서산대사의 수도처로 이름높았던 곳이다. 유

것은 거부를 뜻하는 것이었다. 그가 지금 골똘히 생각하고 있는 것은 어떻게 하면 어색하지 않게 상대방 의견을 거두어들이게 할 수 있을까 하는 것뿐이었다. 리선생은 그런 너그러운 화법에 아주 능했다.

"아무래도 좋습니다마는 교수 선생, 여기까지 와서 서산대사에게 인사도 안 드리고 그냥 가시렵니까? 오늘 갈 금강굴(金剛窟)이 바로 서산대사가 계시던 곳입니다."

이런 여유롭고 인간미 넘치는 권유는 강압보다도 마음을 크게 일으킨다. 나는 공연히 꾀를 부리다가 멋쩍어진 것을 얼른 피하고자 서투른 평양 사투리로 "그렇다면 날래 다녀옵시다요" 하고는 어제 산 야무진 박달나무 지팡이를 집어들고 앞장섰다.

우리는 비로봉 정상으로 오르는 칠성동(七星洞)계곡을 서서히 올랐다. 칠성동계곡은 묘향산의 여느 골짜기 못지 않게 나무는 울창하고, 물은 맑고, 바위는 기묘했다. 계곡에는 집채만한 우람한 바위들이 겹겹이 쌓여 있어 산의 권위를 더해주는데, 사뭇 계곡 위쪽으로 나 있는 오솔길은 조금도 부담스러울 것 없이 정겹기만 하다.

나뭇가지 사이를 비집고 떨어지는 아침 햇살이 인도하는 대로 길 따라 계곡 따라 어느 만큼 오르다 보니 산장(山莊) 같은 아담한 양옥이 보였다. 비로봉 정상까지 등반하는 사람들을 위해 지은 캠핑 하우스인데, '답사숙영소'라는 간판이 붙어 있었다. 이처럼 북한에서는 답사라는 말이 아주 일상적인 단어였다.

답사숙영소 앞에는 '세길다리'라는 무지개 다리가 있었고, 세길다리 건너 세 갈래 길에는 칠성동과 천태동(天台洞) 두 골짜기가 합치는 물목의 언덕진 곳에 하비로암(下毘盧庵)이 자리잡고 있었다.

하비로암은 암자치고는 화려하고 제법 그럴듯한 규모였다. 보련대

(寶蓮臺)를 내다보는 비로전(毘盧殿)을 본전으로 하고 칠성각·산신각이 저마다 수려한 앞산을 조망하며 엇비슷이 배치되어 있다. 계곡의 경관이 설악산 천불동만큼이나 장하여 우리는 그 아름다움에 취해 오랫동안 떠날 줄 몰랐다. 사실 절이 화려할 수는 있어도 암자가 이처럼 화려하게 느껴지기란 드문 일이었다.

갈 길이 바쁘다는 리선생의 독려에 서둘러 천태동계곡을 돌아 내려가니 길은 다시 평안한 내리막이 되어 우리는 큰 힘 들이지 않고 금강굴에 닿았다.

가뭇없이 펼쳐지는 산자락

금강굴은 관악산 연주암처럼 엄청나게 큰 바위 밑이 움푹 들어가 큰 공간을 이룬 곳에 모자 차양 같은 지붕을 얹고, 양쪽에 기둥을 받쳐 일자집으로 지은 바위굴 암자였다. 높이가 3m, 길이가 10m, 너비가 13m이니 호젓한 수도생활에 제격이라 하겠는데, 앞쪽에 긴 툇마루를 깔아 방 두 칸과 부엌칸을 연결시켜놓은 것이 멋도 있고 기능도 훌륭했다.

기둥머리에는 '청허방장(淸虛方丈)'이라는 현판이 걸려 있었다. 청허는 서산대사의 아호(雅號)이고, 방장은 조실(祖室) 스님의 방이라는 뜻이다. 본래는 금강굴암(金剛窟庵)이었는데 근자에 서산대사가 여기 계셨던 것을 기리고자 영정을 모시면서 이름을 바꾸었단다.

나는 조용히 암자문을 열고 들어가 스님의 영정에 절을 올리고 마주앉아 바라보며 대사의 거룩한 행적과 높은 도덕에 내가 보낼 수 있는 최고의 존경을 보냈다.

생각하건대 조선왕조 500년을 대표할 스님은 무엇으로 보나 서산대사 휴정(休靜, 1520~1604), 바로 그분이다. 임진왜란이 일어났을 때 나라에서 머슴 취급이나 받던 스님들을 불러모아 국난 극복에 앞장

청허방장
금강굴은 근래에 서산대사의 영정을 모셔놓고는 아예 '청허방장'이라는 현판을 달았다.

서게 하고, 그로 인하여 전란 뒤에는 불교가 다시 민중 속으로 파고들어 오늘의 불교로 살아나게 하는 계기를 마련하였으니 현대불교의 중시조는 마땅히 휴정으로 모셔야 할 일이다. 행실뿐만 아니라 깨우침에서도 휴정은 그 누구도 따를 수 없는 높은 경지에 있었으니, 선종과 교종을 아우르면서 하신 말씀 한마디 "선(禪)은 부처의 마음이고, 교(敎)는 부처의 말씀이다(禪是佛心 敎是佛語)"에서 남김없이 엿볼 수 있다.

휴정의 속세 이름은 최여신(崔汝信), 호는 청허(淸虛)로 평안도 안주에서 태어나 20세에 출가하였다. 30세에 승과에 급제하여 선교양종 판사(禪敎兩宗判事)가 되었으나 37세에는 그런 벼슬은 스님의 본분이 아니라며 금강산 백화암(白華庵)에서 참을 구하는 데 오로지하였다. 그리고는 묘향산 금강굴에 와서 성속(聖俗)이 분리되지 않는 참됨의 가치와 길을 구하였다. 그리하여 살생을 금하는 것이 스님의 본분이지만 임진왜란이 일어났다는 소리를 듣고는 분연히 의병을 일으켰는데 그 뜻은 단호했다.

공리 같은 것 생각할 리 없고
오로지 불도만 닦았노라.
이제 나라일 급하다는 말 듣고
동지 규합하여 산을 내려왔노라.
無意圖功利 專心學道仙
今聞王事急 摠攝下山巓

그런 서산대사 청허당 휴정 스님이었다. 이제 금강굴에 올라와 스님의 어진 듯 밝은 눈빛을 대하니 문득 그 옛날 사명당(四溟堂, 1544~1610)이 여기를 찾아왔던 때의 일화가 떠올랐다.

금강산의 사명당이 묘향산의 서산대사가 학덕이 깊고 수행이 높다는 말을 듣고는, 높으면 얼마나 높고 깊으면 얼마나 깊을 것이냐고 찾아와서는 은근히 스님을 시험했겠다.

"대사님, 여기 오다가 고운 새 한 마리를 잡았는데 이걸 대사님께 드려야 좋을지 놓아주어야 좋을지 모르겠습니다."

이에 서산대사는 빙그레 웃으며 이렇게 답했단다.

"나는 대사께서 소승을 찾아오시느라 수고가 많으셨을 텐데 밖에 나가 마중해야 할지 안으로 모셔 들여와야 될지 몰라 망설이고 있소이다."

이 한마디에 사명당은 무릎을 꿇고 서산대사의 제자가 되었다.

청허방장에 모셔 있는 스님의 영정은 당신께서 마지막 법어(法語)를 남긴 바로 그 초상의 이모본(移模本)이었다. 대사는 임종이 다가온 것을 알고는 이 초상화를 꺼내 이렇게 적었다.

"80년 전에는 네가 나이더니 80년 뒤에는 내가 너이로구나
(八十年前渠是我 八十年後我是渠)."

그리고 대사는 생사와 유무를 뛰어넘는 절명(絕命)의 게송(偈頌)을 이렇게 읊었다.

생각하고 꾀하던 온갖 것들
화롯불에 떨어진 흰 눈 한 송이
진흙으로 만든 황소가 물 위로 가고

금강굴에서 바라본 전망
금강굴 툇마루에 앉으면 멀리 느린 곡선을 그으며 펼쳐지는 아늑한 전망에 마음이 더없이 편안해진다. 유

대지와 허공이 꺼져버렸네

千計萬思量 紅爐一點雪

泥牛水上行 大地虛空裂

이윽고 나는 청허방장을 나왔다. 조용히 암자 문을 닫고 툇마루에

걸터앉아 신발끈을 동여매다가 나도 모르게 "아!" 하는 긴 외마디 소리를 지르고 말았다.

"세상에! 이렇게 아스라한 전망을 가진 암자도 있단 말인가."

저 멀리 앞산의 산세는 세 겹 네 겹으로 첩첩이 길게 뻗어가면서 골마다 물안개를 일으키니 묘향산은 두께도, 깊이도 가늠조차 할 수 없었다.

암자 등뒤로는 듬직한 바위산이 버텨주고 좌우로는 부드러운 육산이 감싸주는데, 정면의 전망은 이처럼 일망무제(一望無際)로 펼쳐지고 있으니 청허방장이야말로 장쾌하면서 아늑하고, 강하면서 안온하고, 멀면서 가까운 자리매김을 하고 있는 것이다. 그렇기에 서산대사가 여기 계셨던 것이겠지. 그렇기에 대사는 저 오묘한 자연과의 대화 속에 높은 수행과 깊은 학덕을 쌓은 것이겠지. 그런 생각 끝에는 내게도 기회가 온다면 몇 날이고 몇 달이고 저 운해(雲海) 속에 파묻혀보았으면 하는 바람이 일어난다.

아! 그래서 소설가마다 묘향산을 그처럼 선망의 산, 신령스런 산으로 섬겼던 것인가 보다. 벽초 홍명희의 『임꺽정』에서 갖바치가 스승 정희량(鄭希浪)을 찾아와 수도한 곳도 여기요, 박경리(朴景利)의 『토지』에서 환이가 도망가는 도중 죽은 별당아씨를 묻은 곳도 여기요, 황석영(黃晳暎)의 『장길산』에서 길산의 아버지 명근 스님이 계신 곳도 여기 묘향산이었다. 생각하면 할수록 기꺼운 마음과 오묘한 상념이 간단없이 교차한다. 흐뭇한 속마음은 어쩔 수 없이 얼굴에도 드러나는 것이 스스로 감지되었다.

상기된 내 모습을 보았는지, 아니면 피곤하다는 나를 끌고 온 것이 부담스러웠는지 좀처럼 내색할 줄 모르던 리선생이 한마디 던지는데,

그것은 나의 황홀한 묘향산 답사를 마감하는 웅장한 징소리의 피날레였다.

"교수 선생, 묘향산 답사의 마지막을 청허방장에서 마무리한 것은 잘한 일이죠?"
"그럼요. 잘한 일이고말고요."

북녀(北女)의 미소

평양 미인과 강계 미인의 천연미

내가 북한에 다녀온 것을 사석에서라도 얘기하다 보면 으레 나오는 질문 하나는 북한 여자들이 정말 예쁘냐는 물음이었다. 그럴 때면 나는 남남북녀(南男北女)에서 남남은 맞는 말인지 잘 모르지만, 북녀는 틀림없다고 대답했다.

본래 우리나라 여인들이 예쁘게 생겼다. 전여옥의 책 『일본은 없다』 첫머리에 나오듯 일본 여인은 한국 여인 앞에 감히 얼굴을 내밀지 못한다. 그런데 북녀의 어여쁨은 남한 여자들과 달리 청순미가 있고 꾸밈없는 미소가 배어 있어 내게는 더욱 매력적으로 느껴졌다. 그런 북녀의 진면목을 나는 이미 평양으로 가는 고려항공의 이름 모르는 여승무원한테서부터 보았다.

이 첫인상은 이후 나에게 북녀의 미소가 아름답다는 선입견을 낳았는지 내가 북에서 만난 여인들은 모두 얼굴도 곱고 말씨도 예뻤고 마음씨도 좋아 보였다.

북한에서는 평양과 강계에 미인이 많다고 한다. 남한에서 대구와 순천이 미인으로 이름 높은 것과 같다. 그런데 대구와 평양은 미인의 유형이 다르다. 내가 대구에 살기 때문에 잘 알고 하는 소리인데, 대구 미인은 이목구비의 윤곽선이 또렷해 현대적 또는 서구적 미감에 잘 들어맞는다. 그래서 미스코리아의 반이 대구 출신이다. 이는 미인의 기준을 서구형에서 찾았다는 말도 된다. 이에 반해 평양 미인은 평면감이 강하다. 마치 혜원(蕙園) 신윤복(申潤福, 1758~?)의 미인도를 연상시키는 조용한 아름다움이 있다. 대구 미인이 신라 토기 같다면 평양 미인은 고구려 토기 같다.

향산호텔의 의례원 정경숙(20세)양은 강계 처녀였다. 강계 미인은 평양 미인보다도 더 자연미가 있다고 했다. 경숙 동무는 생김생김도 복스럽지만 미소가 귀엽고 말재간도 아주 재치있어 조사단은 3박 4일 묘향산 답사를 더욱 즐겁게 보낼 수 있었다. 얼마나 귀여웠던지 돌아와서 보니 경숙 동무하고 사진 찍지 않은 사내가 하나도 없었다.

어느 날 우리는 그 유명한 평양밤을 몇 알씩 주워 먹었다. 평양밤은 알이 작고 속은 샛노랗다. 그런데 밤털이 들떠 있어 손톱으로 밀면 곱게 벗겨지고 깨물면 뽀드득 소리와 함께 달고 부드러운 맛과 향이 난다. 나는 내 몫을 빨리 다 먹고 나서 권영빈 단장 앞에 있는 마지막 한 톨을 냉큼 빼앗아 입에 물었다. 이런 어린애 행동을 경숙 동무가 그 예쁜 미소로 바라보고 있었다. 그래서 얼른 둘러댔는데 경숙 동무가 맞받아친 말에 한 방 맞고 말았다.

"경숙 동무, 상관은 부하를 아끼고 돌볼 줄 알아야 하는 거 아닙니까?"

"그렇지만 부하도 상관을 공경하고 모실 줄 알아야 합니다."

1950년대의 말투와 억양들

평양 미인으로는 초대소 25동의 접대원 최순화(22세)·이은희(21세)양이 가장 인상적이었다. 25동은 고급 휴게소로 개인용 사우나와 스탠드 바가 있다. 권영빈 단장과 사우나를 하고 북한이 자랑하는 금술을 한잔 할 때 테이블에는 순화 동무와 은희 동무가 당번으로 앉아 있었다.

은희 동무는 얼굴이 동글동글한데다 살결이 희고 가는 눈가에 머금은 미소가 아주 귀염성 있었다. 반면 순화 동무는 달걀형의 미인으로 이목구비가 훤칠하고 눈이 서글서글해 한눈에 압도당하는 미인이었다. 두 여성을 동시에 만날 때는 반드시 덜 미인 쪽에 먼저 관심을 주어야 한다는 '화류계' 친구의 교시를 받들어 은희 동무에게 먼저 말을 건넸다.

"은희 동무는 참 복스럽게 생겼습니다."
"거짓말 마십시오. 저는 눈이 작습니다. 얼굴이 천 냥이라면 눈이 팔백 냥이라고 하지 않습니까."

그러자 순화 동무가 어색하지 않게 바로 이 말을 받아갔다.

"하지만 눈이 가늘면 예지가 있어 보인답니다."

이 모든 말이 꾸며서 나온 것이 아니었다. 순화 동무에게 노래를 청하자 순화 동무는 고개를 돌리면서 맵시있게 거절했다.

"저는 노래가 꽝이랍니다."

내가 만난 북녀의 미소

인민대학습당 무용단원.

인민대학습당의 도서 대출 직원.

평양 순안공항의 안내원.

평양 민족식당의 장금녀 접대원.

동명왕릉 안내원 리명화 강사.

고려호텔의 김련심 접대원.

향산호텔 식당에서 우리를 돌봐주던 '의례원' 아가씨에게 "경숙 동무의 얼굴이 참 예쁘고 복스럽게 생겼네요" 하고 말을 건네자 답변이 그럴듯하다. "향산 여성들치고 예쁘지 않은 사람이 어디 있습니까?"

이에 내가 다시 그러면 무얼 잘하느냐고 묻자 이번에는 은희 동무가 대신 대답해주었다.

"순화 동무는 공 갖고 재롱부리기를 참 잘한답니다."

북한에서 쓰는 말투는 어쩌다 평양방송의 한 장면을 보게 될 때 아나운서나 사회자들이 하는 것 그대로이다. 그것이 우리로서는 어딘지 부자연스럽고 구식이고 촌티 나고 신파조에 '뽕작기'가 있다는 느낌을 지울 수 없다.

그런데 이 말투와 억양은 1950년대 남한 사회에서 일반적으로 퍼져 있었다. 영화 「사랑방 손님과 어머니」에서 아역을 맡은 전영선이 하는 말이 이와 똑같으며, 요즘 아리랑 텔레비전(ch.60)에서 내보내는 옛날 영화, 그리고 1950, 60년대 「대한뉴스」 등에 나오는 아나운서의 말투와 억양은 지금 평양에 그대로 남아 있는 것이다.

그래서 나는 우리나라의 말투와 억양은 1950년대까지는 남북이 같았는데, 남한은 도회적인 세련미와 영어의 강력한 도전으로 날이 다르게 바뀌었지만 평양은 거의 변하지 않았다는 결론에 다다르게 되었다. 사실 그들은 변할 계기가 별로 없었던 것이다.

북녀들이 말끝마다 '말입니다, 말입니다' 하는 것은 1950년대 아이들, 특히 여자아이들이 쓰던 말투로 우리 누나는 언제나 이 '말입니다' 때문에 아버지께 "뭐가 말이냐"고 혼나곤 했다. 또 '꽝입니다'라는 말은 내 어렸을 때의 유행어이기도 하다. 내가 북한에 와서 잃어버린 어린 시절의 추억을 많이 느낀 것은 특히 말씨와 음식을 통해서였던 것이다.

아름다운 우리말 조어

한편 북한에서는 그런 순정을 유지하면서 또 한편으로는 주체적인 견지에서 한글을 구사하여 순우리말로 조어해간 것은 외래어를 남용해온 우리로서는 깊이 반성케 하는 바가 있었다.

만수대창작사에는 미술품 판매점인 고려미술점이 있어서 우리는 서너 번 '장을 보러' 갔다. 그래서 그곳 판매원들과 낯이 익어 있었는데, 여성 판매원 대여섯의 헤어 스타일이 모두 달랐다. 그래서 그 머리 이름 좀 알려달라고 하니 토실토실하게 생긴 판매원이 냉큼 나서서 설명하는데 미처 받아적기도 힘들었다.

"요렇게 안으로 까불린 건 버섯머리이고, 건발기(헤어 드라이어)로 말아올린 건 카트 머리라고 합니다. 또 요렇게 복실복실한 것은 들국화머리이고 뒤를 층지게 자르면 층머리라고 한단 말입니다. 굽이치듯 잘게 말면 파도머리라고 하고 중단발머리는 대학생머리라고 합니다. 이야, 그리고 또 뭐가 있나? 고렇지, 무궁화머리도 있고 생태머리도 있단 말입니다."

내가 그 '토실이'의 말이 하도 귀여워 빤히 바라보고 있으려니 남한의 '마담기'조차 느껴지는 노련한 언행의 관장 동지가 나를 놀린다.

"교수 선생, 사무가 바쁘십니다. 그런데 우리 토실이를 왜 그렇게 바라봅니까?"

"하도 귀여워서……."

"뭐, 그리 바빠할 것 없습니다. 사내가 여자 보고 좋아하는 건 응당하니까."

'바뻐하다' 는 '당황하다' 쯤 되는 말이다.

나는 선물로 자수 몇 점과 유화 두어 점을 골랐다. 값이 싸다고 생각되었지만 그것은 상대적인 것이어서 꼭 그렇게 말할 수는 없었다. 이름있는 인민화가의 유화 소품이 200달러면 우리 돈으로 30만 원 정도이다. 우리로서는 싸다고 할 것인데 그들은 두세 달 월급에 해당하는 돈이니 화폐의 가치와 개념이 다른 것이다. 나는 습관적으로 값을 깎고자 했다.

"에누리 좀 합시다."

"에누리? 그게 뭡니까?"

"값 좀 깎자는 겁니다."

"이건 원래 값이 눅어서 안 됩니다."

"그러면 정찰제입니까?"

"정찰제? 그건 또 뭡니까?"

"조금도 못 깎느냐는 겁니다."

"유일가격은 아닙니다."

장사와 관계되는 용어는 이처럼 발달하지 않았다. 그도 그럴 것이 자본주의나 되어야 가격 얘기가 신바람나게 생기는 것 아닌가. 그 대신 그들은 사회주의답게 유일가격 같은 공식적인 말이 생겼다.

내가 자꾸 값을 에누리하자고 하니 관장이 나섰다.

"이거 가격투쟁하잡니까?"

"투쟁까지야 있습니까. 같은 민족끼리니 좀 잘해주십시오."

"그러면 친선적 가격으로 150불만 내십시오."

그리하여 내가 150달러를 내면서 주머니 속에 있는 사탕을 하나씩 판매원 손에 나누어주니 관장이 웃음 띤 얼굴로 또 한마디 한다.

"거, 교수 선생. 지레 삽삽합네다."

북녀, 특히 젊은 처녀들이 하는 말 중에 '고맙습니다' 대신 '일 잘하겠습니다' 라는 것이 있다. 우리가 답사처에 가서 답례로 공책이나 양말·입술연지 같은 것을 주면 꼭 큰 소리로 "일 잘하겠습니다" 하고 고개 숙여 인사하고 돌아간다. 이 말은 처음에는 하도 '일, 일' 하니까 반농담으로 누군가가 그렇게 한 것이 요즘에는 그 유래와 관계없이 '열심히 하겠습니다' 라는 뜻이 되었다는 것이다.

"나? 스물둘!"

또 북한 여성들이 많이 쓰는 말씨 가운데 아주 매력적인 것은 명사형으로 어미 없는 반문(反問)을 통해 의미를 전달하는 것이다. 고려호텔 식당에서 있었던 일이다.

"접대원 동무, 된장찌개 있습니까?"
"된장찌개? 없습니다."

"된장찌개?" 하고 말꼬리를 올린 것은 질문에 대한 확인이자 긴가민가할 때 쓰는 말투인데 그 억양이 무척 매력적으로 올라간다. 그 대신 대답은 단호하게 꾹 내려누르듯 말한다.

그런데 북한에서는 요즈음 이 말을 접대원이나 의례원은 쓰지 못하게 교육시키고 있단다. 남한 사람들이 들으면 꼭 반말하는 것 같아 버릇없다고 말하기 십상이기 때문이라는 것이다. 더욱이 북한에서는

'저' 라는 낮춤이 없고 모두 '나' 라고 한다. 그런데 한번은 아직 훈련을 덜 받은 의례원이 실수로 자기 본래 말투로 대답한 그 매력적인 말씨를 나는 잊지 못한다.

"의례원 동무, 나이는 몇 살입니까?"
"나아? 스물둘!"

북녀의 미소는 젊은 처녀만 아름다운 것이 아니었다. 아주머니의 푸근하고 넉넉한 미소는 소년시절에 느끼던 어머니의 정 같은 것이었다. 그런 아주머니가 수줍은 미소를 던질 때는 더욱 매력적이었다. 고려호텔 책방에서 책을 한 보따리 사고 나서 내 나이는 되어 보이는 여성 판매원 동무에게 물었다.

"요즘 잘 나가는 소설이 뭡니까?"
"『열해(熱海)』랍니다."

책을 집어 얼핏 훑어보니 김일성 주석과 지미 카터가 대동강에서 낚시하는 얘기 같은 것이 나온다. 나는 다시 물었다.

"연애소설은 없습니까?"
"연애소설? …… 사랑 말입니까? 사랑은 어디나 푼푼이 다 나옵니다. 고렇지만 아주 찐한 건 없습니다."

나는 북녀의 얼굴과 말씨에 감돌던 그 미소를 이날 이때까지 잊지 못해 여러모로 생각해보았다. 어떻게 그들이 그런 여유로운 마음의 미소까지 갖고 있었던 것일까? 나는 아직 그 답을 구하지 못하고 있다.

다만 지금 내가 알아낸 분명한 사실 하나는, 처음 평양에 갈 때는 북녀에게 그런 미소가 있으리라 전혀 예견도 못했는데 평양을 나올 때는 북녀의 그 아련한 미소들이 내 심장에 진하게 박혀버렸다는 사실이다.

역사교육관으로서 박물관의 과제

김일성광장 좌우의 두 박물관

오늘은 박물관에 가는 날이다. 외국 여행을 해본 사람은 누구나 경험했듯이 한 도시의 관광에서 빼놓을 수 없는 것이 박물관이고, 생각밖으로 힘든 것이 박물관 관람이다. 그래서 박물관에 가는 날이면 나는 임전태세를 갖추듯 든든히 먹고 간다.

우리가 묵고 있던 서재동 초대소의 3등 요리사 박인해군은 아주 착하게 생겼는데 마음씨는 착한 것을 넘어 무공해처럼 맑았다. 그래서 조석으로 그를 대하는 것이 맛있는 밥상 못지 않게 즐거웠다. 그는 매일 아침 밥상을 차릴 때면 무슨 반찬이든 3등 요리사답게 요리의 내용을 큰 소리로 알려준다. 그럴 때면 나는 거의 반드시 농담으로 받았는데 이날도 예외가 아니었다.

"오늘은 콩나물국에 장조림하고 닭알(달걀)이 나왔습니다."

"야, 이거 단장 선생은 좋아하는 거지만 오늘 고된 일정에는 야단이구나. 인해 동무, 나는 밥 한 그릇 더 먹어야겠소."

"그러십니까? 근데 어딜 가시기에 그렇게……."

"오늘은 박물관에 간다오."

"박물관에?"

인해 동무는 고개를 갸우뚱하더니 이내 웃음으로 받는다.

"인해 동무도 박물관에 가봤지요?"

"중앙력사박물관 말입니까? 수도 없이 갔습니다. 고등중학교 다닐 때 력사시간에 박물관에 자주 갔습니다."

나는 그때만 해도 인해 동무의 이 말이 뜻하는 바를 다는 몰랐다. 북한 정부는 역사교육의 학습장으로서, 그리고 문화유산을 통한 애국주의 배양의 장으로서 박물관을 매우 비중있는 기관으로 받들어왔다. 그것은 전국 각 도에 력사박물관을 설치하고 평양에는 특별히 조선중앙력사박물관과 조선미술박물관으로 나누어 설립한 것에서도 엿보이며, 도시계획상 두 박물관의 위치 설정에도 아주 잘 나타나 있다.

일본의 원로 고고학자로 도쿄대 교수를 역임한 사이토 다다시(齋藤忠)는 『세계의 박물관 탐방』이라는 저서의 저자이기도 한데, 평양을 두 차례 방문하고 쓴 『북조선 고고학의 신발견』(1996년, 도쿄)이라는 저서 말미에 그는 이렇게 적었다.

박물관은 그 나라의 얼굴이고, 그 도시의 얼굴이다. 조선중앙력사박물관도 북조선의 얼굴이고 평양시의 얼굴이다. 그런데 평양시의 중심지인 김일성광장의 양측에 조선중앙력사박물관과 조선미술박물

조선중앙력사박물관
1945년 12월에 개관하여 1954년에 새 건물로 옮겨온 조선중앙력사박물관은 원시시대부터 근대까지 19개 전시실로 나뉘어 진열되어 있다. 유

관이 마주하고 있다는 것은 이 나라가 박물관과 미술관을 얼마나 중요시하고 있는가를 무언으로 말해주는 것이다. 이런 자리 설정은 세계의 박물관 가운데서도 유례가 드물다.

요즘 우리가 텔레비전을 통해 보게 되는 평양의 모습에서 가장 자주 나오는 김일성광장 양 옆의 건물이 다름아닌 박물관과 미술관이라는 사실을 나는 평양에 갈 때까지 몰랐다. 그저 로동당 당사나 의사당쯤 되는 줄로 짐작했다.

더욱이 북한은 박물관 소장품이 '별 볼일 없다'는 것이 우리 고고미술사학계의 공통된 의견으로, 심지어 어느 학자는 우리나라 동산(動産) 문화재의 95%는 남한에 있다고 자부한다. 이것이 사실이라면 더욱 놀라운 일이 아닌가.

조선중앙력사박물관의 연혁

지금의 조선중앙력사박물관과 조선미술박물관은 한국전쟁 뒤 잿더미의 평양에 신도시를 설계하면서 1954년 9월에 완공한 것이다. 처음에는 모란봉 을밀대 가는 길에 있던 일제시기의 평양부립(府立)박물관으로 시작했다.

그때 평양박물관이란 국립이 아니라 부립이어서 요즘으로 치면 재정이 빈약한 시립박물관이었다. 1935년 설립 당시부터 해방 때까지 줄곧 관장을 맡아본 고이즈미 아키오(小泉顯夫)의 회고록인 『조선 고대유적의 편력』(1986년, 도쿄)에 따르면 유물은 고구려 와당과 낙랑유물 등 평양 지역 출토품이 고작이었고, 그밖에 있다고 해봐야 고구려 고분벽화의 모사화 정도가 전시되어 있었다. 그래서 조선중앙력사박물관의 장정신 관장은 비장한 어조로 이렇게 말했다.

> "해방되고 백 날이 된 1945년 12월 1일 우리 박물관이 출범할 때는 불과 2천 점의 유물로 시작했습니다."

이 말의 배경에는 다음과 같은 사실이 깔려 있다. 1945년 8·15해방 때 우리나라 박물관 사정을 보면 서울에는 총독부박물관과 이왕가(李王家)미술관이 있었다. 이것이 나중에 국립박물관으로 합쳐진다. 그리고 경주와 부여에 분관(分館)이 있었다. 이밖에 개성과 평양에 부립박물관이 있었고, 공주에 공주고적현창회(顯彰會) 진열실이 있는 정도였다.

해방이 되면서 38선이 그어졌을 때는 개성도 이남이었기 때문에 평양부립박물관을 제외한 모든 박물관이 결국 남한에 있었던 것이다. 게

다가 해방 후 초대 국립박물관장이 된 김재원(金載元) 관장은 개성부립박물관을 개성분관으로 승격시킨 다음 38선 근처에 박물관이 있다는 것이 불안해 개성분관의 중요한 유물, 특히 고려청자의 명품을 모두 서울로 옮겨놓았다.

그리고 얼마 안 되어 진짜 한국전쟁이 터졌다. 그리하여 전쟁이 끝나고 휴전협정이 발효되기 시작했을 때, 개성박물관은 북한의 차지로 돌아가기는 했지만 소장 유물은 거의 빈털터리였으니 북한은 평양박물관 2천 점으로 시작할 수밖에 없었던 것이다. 그래서 소장 유물의 양과 질에서 북한은 애시당초 감히 남한과 비교할 수 없었다. 그것이 남한의 자랑 아닌 자랑이 된 것이다.

그러나 북한은 많은 분야에서 그러했듯이 물질적인 부족을 정신적으로 극복했다. 북한이 8·15해방과 동시에 문화재 발굴에 열성을 보인 데에는 이런 측면이 없지 않았던 것 같다. 그래서 장정신 관장은 당당하게 또 이렇게 말했다.

　"우리는 열심히 발굴하고 제작하고 수집해서 유물을 확보했습니다. 이제 우리도 13만 점이 됩니다."

여기에서 '제작하고'란 문화재 복제품을 말한다. 남한 박물관에서 '리플리카(정밀한 복제품)'를 도입한 것은 최근의 일이다. 그러나 북한은 이러한 사정으로 인해 일찍부터 복제품을 박물관 운영에 도입했고, 이를 위해 문화보존총국 산하에 문화유물창작사가 독립기관으로 있을 정도이다.

그 덕분에 조선중앙력사박물관에는 검은모루의 구석기 유물, 신의주 압록강변의 '미송리 토기', 평양 원오리의 테라코타 불상 등 실물도 많지만 호모 에렉투스 시절의 검은모루 풍경 상상도, 고인돌을 끌고 가는 청동기인의 모형, 대성산성 배치도와 안학궁전 모형도, 안악3호무덤 실물대 복원, 발해 상경의 석등 모조품 등 무수한 복제품이 전시장을 메우고 있다.

그리고 이를 시기별로 진열하여 역사관을 만듦으로써 각급 학교의 역사수업은 여기를 현장학습장으로 삼아 매 단락이 끝나면 조선중앙력사박물관에 견학온다는 것이다. 그래서 인해 동무가 수도 없이 다녀왔다고 한 것이다.

이러한 사실과 배경에 대한 이해 없이 조선중앙력사박물관을 보면 '진품과 복제품이 뒤섞인 엉망진창의 박물관'이라고 느끼거나 '미술품에 대한 안목이 결여된 사료관(史料館)'이라고 비하하기 쉽다. 우리가 오랫동안 남이 되었던 북한을 이해하려면 이렇듯 박물관처럼 별 차이가 없을 것 같아 보이는 곳까지도 남북이 큰 차이를 보인다는 사실에 깊이 유념해야 한다. 남한에서 보고 듣고 알고 있는 개념으로 북한의 사물과 행태를 액면 그대로 평가하면 오해 또는 불신을 사기 쉽다는 것을 박물관조차 말해주고 있는 것이다.

나는 박물관을 처음부터 천천히 빠짐없이 둘러보았다. 그리고 그 많은 실물 복제품 가운데 한국회화사를 전공하는 나로서는 개인적으로 안악3호무덤이 가장 반가웠다. 무덤 내부의 복잡한 구조와 다양한 그림을 살피느라고 나는 이 모형무덤 안에서 나갈 줄을 몰랐다. 밖에서 단장 선생이 그만 가자고 졸라도 나는 들은 척도 안 했다. 나로서는 그럴 만한 이유가 충분히 있었다.

안악3호무덤의 실물대 모형 안에서

안악3호무덤! 한국미술사의 최대 논쟁거리인 이 무덤을 나는 결코 말없이 지나갈 수 없다. 안악3호무덤은 현재까지 발견된 85기의 고구려 벽화무덤 중 가장 규모가 크고, 가장 풍부한 벽화를 갖고 있으며,

안악 3호무덤의 피장자
이 무덤의 주인공이 과연 누구인가를 놓고 50년에 걸쳐 논쟁이 이어지고 있다. 남한에서는 연나라에서 귀화한 장수인 동수의 무덤으로 보고 있으나, 북한에서는 미천왕릉설을 거쳐 지금은 고국원왕의 무덤으로 보고 있다. 자

가장 빠른 시기에 축조된 무덤으로, 묵서명(墨書銘, 먹으로 써놓은 글씨)이 있어 고구려 고분벽화의 시원(始源)을 알려주는 기념비적인 유물이다.

그런데 그 묵서명을 어떻게 해석해야 할 것이며 이 무덤이 과연 누구의 무덤인가에 관해서는 오랫동안 이견이 있어왔다. 이를 규명하려면 무덤 전체의 구조를 알아야 하는데, 비록 모형이지만 나는 그 현장에 들어와 있는 것이었다.

조선중앙력사박물관의 안악3호무덤 내부 모형은 실물대로 정확히 재현되어 있어 그 구조와 벽화들의 배치상황을 남김없이 이해할 수 있었다. 무덤 안길로 들어서니 안칸이 생각 밖으로 넓고 시원하게 느껴

졌다. 그것은 공간의 크기도 크기이지만 천장이 평행삼각고임으로 높이 올라가 있고, 좌우 측면은 곁칸(側室)으로 연결되어 어디를 보아도 막힌 공간이 없었던 것이다.

벽화의 배치는 앞칸(前室)은 공식생활, 안칸(玄室)은 사생활을 내용으로 하고 있다. 나는 왼쪽 곁칸으로 다가가 문지기인 양 서 있는 관리의 머리 위에 씌어진 문제의 글씨 7행 68자를 손가락으로 짚어가며 읽어보았다.

영화 13년(357) 대방태수(帶方太守) …… 동수(冬壽)가 죽었는데 향년 69세였다.

글씨는 육조시대 사경체(寫經體)로 광개토왕비보다 훨씬 고식(古式)이었다. 나는 곁칸 안으로 들어가 주인공의 초상을 세밀하게 살펴보았다.

복식은? 얼굴의 나이는? 모자는? 손의 포즈는? 아내의 머리 스타일은? 옷의 무늬는? 옷의 색깔은?

나는 공책에 여러 가지 사항을 낱낱이 기록하면서 터럭 하나하나를 셀 듯이 보고 또 보느라고 정신이 없었다. 밖에서는 일행들이 가자고 보채던 소리마저 끊겼다. 리정남 연구사만이 말없이 내 작업을 지켜보고 있었다. 나는 리선생에게 슬며시 말을 건넸다.

"북한에서는 저분을 고국원왕(故國原王)으로 보는 학설이 굳어져 가는 게죠?"

"그렇습니다. 미천왕(美川王)설은 이젠 들어갔습니다."

"남한에서는 아직 동수의 무덤으로 보는 견해가 지배적입니다."

"그렇다고 들었습니다만……. 이제 보시니 어떻습니까?"

우리의 선문답 같은 이 몇 마디에는 사실상 안악3호무덤의 50년 연구사(研究史)가 다 들어 있었다.

'동수' 설과 '미천왕' 설

1949년 황해도 안악(安岳)의 한 언덕에서 이 무덤이 발견되었을 때 발굴 담당자였던 고고학자 도유호(都宥浩)는 간단한 보고서를 통해 이 무덤은 묵서명에 보이듯 동수의 묘라고 했다. 그리고 6·25전쟁이 끝나고 다시 발굴조사되면서 동수의 무덤이라는 주장이 크게 보강되었다. 문제의 동수는 『자치통감(資治通鑑)』 등 중국 역사책에도 나오는 연나라 장수이다.

4세기 만주에 근거를 둔 전연(前燕)의 왕 모용황과 고구려의 고국원왕은 길고 지루한 전쟁을 계속했다. 그러던 중 모용황의 내부에서 모반이 일어났다. 동생 모용인이 쿠데타를 일으켰는데 동수가 여기에 가담했다. 그러나 쿠데타가 실패해 모용인이 죽임을 당하게 되자 갈 곳 없는 동수는 고구려에 투항했다. 이에 고국원왕은 동수를 중용해 낙랑·대방 지역의 태수로 임명하였다.

바로 그 동수의 무덤이 안악3호무덤이고 그래서 갑자기 중국 랴오둥성의 벽화양식이 고구려에 유입되기 시작했다는 것이다. 이 동수설을 체계화한 사람은 월북 미술사가인 근원(近園) 김용준(金瑢俊)이며 남한 학자들은 아직도 이 학설을 많이 따르고 있다.

한편 이 무덤은 동수가 아니라 어느 왕의 무덤이라는 왕릉설(王陵說)이 곧바로 제기되었다. 그 근거는 명문이 피장자의 묘지(墓誌) 형식이 아니라 장하독(帳下督)이라는 관리 머리 위에 씌어 있으므로 바로 그 관리가 동수이며, 그 안의 주인공은 동수가 모신 왕이라는 것이다. 이 학설은 행렬도에 성상번(聖上幡)이라는 임금 깃발이 그려 있는 점, 주인공이 흰 비단모자를 쓰고 있는데 이는 고구려 왕은 백라관(白羅

큰쌍코뿔이 화석
상원 검은모루동굴에서 수습된 뼈로 복원한 큰쌍코뿔이의 모습이다.

冠)을 썼다는 당시 기록과 일치한다는 점 등을 주장했다.

그러나 이 왕릉설은 정작 어느 왕이라고는 밝히지 못했다. 왜냐하면 동수가 모신 왕이라면 당연히 고국원왕이어야 하는데, 고국원왕은 동수보다 14년 뒤인 371년에 죽었고 『삼국사기』에 따르면 고국원왕은 "백제군의 화살에 맞아 전사해 고국원(故國原)에 장사지냈다"고 되어 있는데, 고국원은 퉁거우의 국내성 부근에 있는 것으로 생각되고 있었기 때문이다.

안악3호무덤이 이렇게 동수설과 왕릉설로 대립된 지 5년쯤 뒤인 1963년에는 주영헌을 비롯한 학자들이 미천왕릉설을 들고 나왔다. 그 근거는 『삼국사기』 고국원왕 12년(342) 기사에 두고 있는데, 논리 전개는 역사추리극을 능가하는 대단한 추론이었다.

342년에 연나라 모용황이 국내성으로 쳐들어와 왕모(王母)와 왕비를 볼모로 붙잡아가면서 아예 미천왕의 시신까지 파서 가져가버리는 큰 사건이 일어났다. 이에 고국원왕은 수도를 일시 평양으로 옮기고 외교전을 전개해 1년 뒤 시체를 찾아왔다. 그래서 불가피하게 만든 미천왕의 재장묘(再葬墓)가 곧 안악3호무덤이라는 주장이었다. 그 위치가 안악으로 정해진 것은 전란으로부터 안전하고, 미천왕이 낙랑·대방 지역을 정복했다는 각별한 연고 때문이며, 동수가 특별히 기록된 것은 시신반환 공작에, 또는 벽화무덤 축조에 큰 공이 있었기 때문이라는 것이다.

그래서 이 무덤은 전에 없이 웅장하고 새로운 양식인 돌간흙무덤의 벽화무덤이 되었다는 해석이다. 이것이 지난 30년간 북한 학계의 공식적인 학설이었다.

'고국원왕' 설의 새로운 대두

그러다가 근래에는 박진욱 교수가 고국원왕설을 새로 들고 나왔다. 애초에 고국원왕이 될 수 없는 큰 이유였던 고국원의 위치를 새롭게 고증한 것이었다.

줄여 말해서 고국원왕이 전사한 곳은 '고구려 남쪽의 평양'이 아니라 '고구려의 남평양(南平壤)'으로 보아야 하는데 남평양은 황해도 하성(河城) 근방이라는 것이며, 고국원도 국내성 근처가 아니라 바로 구월산(九月山)을 곁에 끼고 재령평야를 내다보는 안악의 언덕이라는 것이다. 논리적으로 보아도 평양에서 전사한 왕을 왜 국내성까지 옮겨 장사지냈겠느냐고 했다. 그리하여 고국원왕 무덤을 만들면서 총애하던 신하 동수를 딸린무덤 개념으로 벽화 속에 특기해놓은 것이 그 명문이라는 것이다.

중앙력사박물관의 진열실
답사단 일행이 안내 강사의 해설을 듣고 있다. 안내 강사 옆에 있는 분이 내가 용강 선생이라고 부른 안
창복 참사이다.

　이 길고 긴 사연을 두고 리정남 선생이 나에게 어느 설을 지지하느
냐고 물은 것이었다. 나는 한참 생각하다가 박물관 계단을 내려오면서
비로소 입을 열었다.

　　"동수설은 묘지명의 위치가 왜 관리(장하독) 머리 위에 있는지를
　　설명하지 못했고, 미천왕설은 시체 반환에서 무덤 축조까지 13년이
　　나 걸린 이유를 설명 못했죠. 그런데 고국원왕설은 왜 무덤이 이처럼
　　호화분묘로 바뀌었는가를 설명하지 못하고 있네요."

　나의 대답에 리선생은 그 속뜻을 헤아려보는지 아무 말이 없었다.
그 대신 지루하게 밖에서 기다렸던 권영빈 단장이 볼멘소리로 한마디
했다.

　　"이래서 박물관에 가면 배고프다고 했구나!"

'축소된 우주' 속의 견우와 직녀

밀폐된 세 겹 철문을 열며

오늘로 답사 열흘째다. 사실상 답사 마지막 날이다. 나로서는 길고 긴 열하루였다. 인간사 모든 일에 마지막이 되면 별스러운 감정이 일어나는 줄은 잘 알고 있지만, 내일 모레면 평양을 떠난다고 생각하니 그럴 나이가 아닌데도 자꾸 가슴이 저려온다. 내가 묵고 있던 방 서쪽으로 마주한 키 큰 미루나무는 처음 평양에 왔을 때만 해도 단풍 들 기미조차 보이지 않았는데 어느덧 잎사귀는 노랗게 물들고 여린 바람에도 바람개비를 그리며 하나씩 둘씩 낙엽을 떨군다.

오늘은 답사일정이 덕흥리 벽화무덤과 강서큰무덤으로 잡혀 있다. 언제나 그랬듯이 나는 미루나무 아래서 출발을 기다리고 있는데 안내단장 용강 선생이 여느 때보다 밝은 얼굴을 하고서 인사를 건넨다.

"오늘은 교수 선생 소원 푸는 날입니다."

무슨 말인고 하니, 방북 일정을 짤 때 나는 모든 것을 북측 사정에 일임하겠지만 덕흥리 벽화무덤과 강서큰무덤 둘 중 하나만이라도 꼭 내부에 들어가게 해달라고 요청했다. 이는 나의 소망이자 모든 한국 미술사가의 꿈 같은 희망이기도 했다. 북측은 나의 이 간절함 때문에 무척 고심했던 것을 이날 알게 되었다.

"방북 답사단의 요구서를 받고 내가 얼마나 애썼는가는 저 리정남 연구사가 잘 알고 있습니다만 우리는 이 사업을 최선 최대로 보장하기로 했습니다. 그래서 지령을 주었습니다. 열라! 그런데 담당자가 이것은 신중한 문제라며 안 된다는 겁니다. 그래서 …… 방향적으로 말하겠습니다. 결국 역사유적 보존 책임일꾼을 만나 이것은 '소리 없는' 역사적 사업이라고 강조했는데도 책임일꾼 하는 말이 7, 8월 은 장마철이라 누가 열라고 해도 열지 못한다는 겁니다. 역사적 사업 은 한 차례 일이지만 역사유적 보존은 영구적인 일이기 때문에 안 된 다는 겁니다. 그렇게 나오는데 낸들 어떡하겠습니까. 다만 말이나 해 둘 값으로 10월에 오면 열어준다는 보장을 받아왔죠. 그런데 오늘이 며칠입니까? 10월 2일 아닙니까!"

사실 우리의 첫 방북일정은 지난해 7월 18일로 잡혀 있었고 북측은 거기에 맞추어 모든 준비를 다했었다. 그런데 일이 꼬여 우리는 그날 떠나지 못했고 우여곡절 끝에 두 달 뒤 다시 성사되었다. 그런데 그게 전화위복이 되어 하나도 아니고 둘 다 내부에 들어가게 된 것이다.

나는 용강 선생이 무용담을 늘어놓듯 열심히 설명하는 것을 들으면 서 그 막강한 지령을 거부한 역사유적 보존 책임일꾼의 의연한 모습을 생각하고는 오히려 그분께 감사하는 마음이 일어 먼 하늘을 망연히 올 려다보며 잠시 할말을 잊었다. 그러자 용강 선생은 자신에게 감격한

덕흥리 벽화무덤
무덤 입구는 세 겹 철문으로 굳게 닫혀 있으며, 직사광선을 피하기 위해 진입로를 지하로 냈다. 관리소장
은 유물에 대한 무한한 자랑과 사랑으로 한껏 해설주어 우리는 그 열의에 감동했다.

줄로 알고 내 어깨를 잡으며 한마디 한다.

　　"아, 교수 선생. 그만한 일에 뭐 그리 감사할 것 있소. 시간과 품
　이 좀 들었을 뿐이지. 자, 갑시다."

춤추는 무학산을 등에 지고

　서재동 초대소 정문을 나와 평양~남포간 철도의 보통강역을 지난
우리의 버스가 여느 때와는 달리 오른쪽으로 꺾어들었다. 그리고 보니
여태껏 나는 평양의 동남쪽과 북쪽을 주로 답사했고 서쪽은 오늘이 처

음이었다.

평양의 서쪽은 대단한 들판이었다. 시내를 벗어나자마자 드넓은 평원이 일망무제로 펼쳐지고 고개 숙인 벼이삭이 바람결에 흩날리며 만경창파를 이룬다. 넓은 들판을 감싼 산자락은 저 멀리 아득한 곳에서 낮은 포복으로 납작하게 엎드려 있고 우리는 거기를 향해 곧장 질러갔다. 지도를 꺼내 살펴보니 이 들판은 강서·용강·남포로 연결되어 있다. 궁금한 것이 있으면 언제나 그랬듯이 리정남 선생에게 물었다.

"덕흥리무덤과 강서큰무덤은 멀리 떨어져 있나요?"
"아니요. 구역이 다르다뿐이지 차로 10분 안짝에 있습니다."
"그러면 약수리무덤·수산리무덤은 어딘가요?"
"그것도 다 거기가 거깁니다. 그뿐인가요. 태성리 벽화무덤, 대안리 벽화무덤도 여기에 있죠. 또 거기서 용강군으로 넘어가면 용강큰무덤·쌍기둥무덤이 있고 용강에서 대동강을 건너가면 안악벽화무덤들이 있으니 크게 봐선 강서·용강·안악이 강서 지역 벽화무덤떼라고 해도 되죠."

이것은 참으로 우스운 일이었다. 지도를 보아도 그렇고 책을 보아도 그렇고 자세히 나와 있는 사항들인데, 지도와 책을 볼 때는 건성으로 지나가고 답사 와서야 그것을 실감하다니…….

이제 내 머리 속을 정리해 말하자면 현재까지 발견된 80여 기의 고구려 벽화무덤은 크게 두 지역으로 나뉜다. 퉁거우 지역에 20여 기, 평양 지역에 60여 기 있는데, 평양 지역 벽화무덤 가운데 40여 기가 강서구역이라는 이 지역에 집중해 있으니 나는 지금 명실공히 고구려 고분벽화의 고향에 찾아온 것이다. 그러는 동안 덕흥리에 가까워져오니 갑자기 구릉에 구릉이 겹쳐 그것을 넘고 돌아가느라고 버스가 몹시 흔들린다. 그렇게 차가 흔들리는 것이 괜스레 미안스러웠던지 리선생이 웃으며 한마디 한다.

"학이 춤추느라고 이런답니다."
"학이 춤추다뇨?"
"이 산이 무학산(舞鶴山)이랍니다. 강서의 벽화무덤들은 모두 이 무학산을 끼거나, 무학산을 바라보고 늘어서 있답니다."

이윽고 덕흥리 벽화무덤에 도착해 주차장에 차를 세우고 돌계단을 올라 무덤 입구로 향하니 우람한 무학산을 등지고 옥녀봉 남쪽자락 솔 밭 속에 반듯하게 누워 있는 무덤의 모습이 마냥 평화로워 보였다. 전에 주영헌 선생이 여기 와서 보고 딱 무덤이 있을 자리였다고 했던 말을 실감할 수 있었다.

무덤 입구에 당도하자 고분관리소의 관리원 김도수(金道洙, 63세), 윤철(尹哲, 36세) 그리고 연구조사원 김철(金哲, 39세) 세 분이 무덤의 철문을 열고 있었다. 잠금장치는 생각보다 튼실했고 여러 겹으로 되어 있었다. 그런데 이것은 예고편에 지나지 않았다. 두 겹 철문을 열고 들어서면 무덤 내부로 들어가는 길은 곧장 뚫린 것이 아니라 지하 1 층으로 내려가 복도를 거쳐 다시 지상으로 올라가도록 길고 깊게 우회로를 내놓았다. 그리고 나서 다시 두 겹 철문과 유리문을 열어야 비로소 무덤 안으로 들어갈 수 있게 되어 있다.

모든 게 직사광선을 피하고 항온·항습을 유지하기 위한 치밀한 조치였다. 순간 나는 고마운 마음과 부끄러운 마음이 동시에 일었다. 이렇게 정성스레 보존하고 있는 곳을 내 욕심만 앞세워 들어간다는 것이 마냥 미안스럽기만 했다. 이런 줄도 모르고 장마철에 오면서 문을 열어달라고 요구했던 나의 무지와 오만이 부끄러웠던 것이다.

덕흥리 벽화무덤의 구조와 명문

아직 일반인까지 그런 것 같지는 않지만 전문가들 사이에서 덕흥리 벽화무덤이 갖고 있는 명성과 권위는 거의 절대적이다. 고대사 · 미술사 · 민속학 · 복식사 · 음악사 등에 관한 저서에서 이 무덤벽화에 관한 언급이 없다면 그 책은 엉터리이거나 1978년 이전에 나온 헌 책임에 틀림없다.

북한이 덕흥리 벽화무덤을 발굴한 것은 1976년 8월이었고 이것이 남한 학계에 소개된 것은 1977년 12월 일본의 한 화보책을 통해서였다. 이렇게 간접적으로 전해진 덕흥리 벽화무덤이 이내 한국 고대문화사의 대표적인 유물로 떠오르게 된 것은 무엇보다 600여 자나 되는 문자기록과 14행 154자의 묘지(墓誌) 때문이었다.

사실 고구려 벽화무덤이 80여 기 발굴됐다지만 문자기록을 갖고 있는 것은 안악3호무덤 · 모두루무덤 두 개에 지나지 않았고, 그 무덤이 몇 년도에 만든 누구의 무덤인가를 정확히 밝혀놓은 것은 덕흥리 벽화무덤이 처음이었다. 결국 덕흥리 벽화무덤은 모든 고구려 벽화무덤의 기준작이 되는 기념비적인 유물인 것이다.

덕흥리 벽화무덤의 관리원인 김도수씨는 환갑을 넘긴 평범한 문화재 지킴이였다. 지위가 높은 것도, 학식이 깊은 것도 아니었고 어울리지 않게 큰 모자와 마디 굵은 거친 손은 무덤잔디를 가꾸는 막일에 능숙해 보이기도 했다. 그러나 덕흥리 벽화무덤에 대한 자랑과 사랑 그리고 지식만은 그 누구도 당할 수 없을 만큼 완벽했다.

관리원 아바이는 무덤 내부로 안내하기에 앞서 먼저 묘지부터 설명하는 것이 좋겠다고 했다. 사실 나로서는 그럴 필요가 전혀 없었다. 나는 실물을 못 보았을 따름이지 해마다 가르치는 한국미술사 시간에 이무덤벽화를 앞칸 · 안칸 · 천장 할 것 없이 두루 슬라이드로 비춰 설명해왔으며, 이 묘지로 말할 것 같으면 시험문제에 어김없이 출제하는

덕흥리 무덤의 주인공

유주자사 진이 13군의 태수에게 조회를 받고 있는 장면으로, 피장자의 공적인 삶의 권위를 나타냈다. 자사항이었다. 그러나 이 관리원 아바이가 모처럼, 아니 평생 처음 남쪽에서 온 동포를 만나 맘껏 자랑할 기회를 드리는 것이 도리라 생각해 그 제안을 받아들였다. 그러자 관리원 아바이는 내가 말했으면 1분에 마칠 것을 10분을 걸려 감동적인 신파조로 풀어갔다.

"이 묘지에 무어라 했냐 하면, 첫째 줄에는 운천·박천 지방에서 태어났다. 둘째 줄에는 석가모니의 제자이고 이름은 진(鎭)이다. 셋째·넷째·다섯째 줄에는 이분이 지낸 벼슬을 쭉 다 밝혔는데 국소대형(國小大兄) 같은 높은 벼슬자리를 거쳐 유주자사(幽州刺史)에 이르렀다. 여섯째 줄에는 77세에 죽었는데 이때는 영락(永樂) 18년, 즉 408년이다……. 열두째 줄에는 묘를 만드는 데 만 명의 공력이 들었다. 열셋째 줄에는 쇠고기·양고기에 술과 밥을 지었는데 쌀과 소금이 한 창고 분량이었다. 열넷째 줄에는 이 사실을 후세에 전하니 영원하리라고 했단 말입니다."

숨도 쉬지 않고 마침표 없이 이어가는 관리원 아바이는 어찌나 힘을 꾹꾹 주며 말하는지 머리에 땀방울까지 맺히고 있었다. 그리고는 철문을 열어제치고 어서 들어오라고 손짓했다.

드디어 나는 꿈에나 그리던 무덤 안으로 들어갔다. 무덤 내부는 좁은 안길을 제외하고 모두 유리로 막았는데, 벽화와 유리의 간격을 넓게 확보한 만큼 관람객이 움직일 공간은 좁았다.

벽화의 상태는 아주 양호했다. 벽과 천장에 빈틈없이 그려진 그림들은 서투른 듯 고졸(古拙)한 기법이기는 했지만, 기운이 생동하고 박진감 넘치는 것은 역시 광개토왕 시절 고구려인들의 기상이고 솜씨임을 유감없이 말해주고 있다.

덕흥리 벽화무덤은 앞칸과 안칸으로 구성된 양실(兩室) 무덤이다.

견우와 직녀
덕흥리 벽화무덤 중에서 가장 유명한 이 그림에는 소를 끌고 가는 견우의 모습이 서투른 듯 소박하게 표현되어 있다. 자

안악3호무덤과 마찬가지로 앞칸에는 공적인 삶, 안칸에는 사적인 삶의 내용을 그림으로 그렸다. 그래서 앞칸에는 유주자사가 13군의 태수(太守)들에게 보고를 받고 있는 엄숙한 정사(政事) 장면을 비롯해 장엄한 행렬도가 그려 있고 안칸에는 편안한 자세의 또 다른 초상과 함께 나들이 가는 장면, 활쏘기대회 같은 생활도가 그려 있다. 그 가운데 색동주름치마를 입은 여인들의 모습이 눈에 띄었다.

축소된 우주로서 천장그림

그러나 덕흥리 벽화무덤에는 안악3호무덤과는 달리 궁륭식 평행고임의 높은 천장벽에 환상적인 벽화를 그려 넣었다. 안칸의 천장에는 연꽃·불꽃·구름을 장식무늬로 그렸지만 앞칸 천장에는 천상의 별자리와 해와 달, 그리고 온갖 희귀한 날짐승, 상상의 동물들이 떠돌고 있다. 거기에는 봉황, 길조(吉利鳥), 부귀의 새, 하늘을 나는 물고기(飛魚)도 있다. 그런가 하면 천상의 숲속에는 고구려의 사냥꾼들이 앞으로 뒤로 날뛰고 있다. 사진으로 볼 때는 감지되지 않던 현란한 움직임이 어려 있다.

한동안 넋을 잃고 맴돌며 보고 또 보고 감탄을 그칠 줄 모르고 있자니 관리원 아바이가 또 다른 해설을 들려준다. 그런데 이번에는 아마도 관리자 교육과정에서 배웠음직한 유식한 학술용어를 곁들였다.

"고구려 사람들은 죽은 사람을 잊지 않고 생각한다는 의미에서 무덤 안을 지상의 생활환경처럼 장식했습니다. 그리고 고구려 사람들은 죽은 다음에도 영혼은 살아 있다는 믿음에서 천상의 세계를 상상으로 그려놓음으로써 무덤 안을 축소된 우주로 형성했습니다."

그 '축소된 우주'에서 내 가슴 벅차게 하는 감동의 장면은 견우와 직녀 그림이었다. 비록 필치에 서투른 면이 있지만 긴 은하수 건너 견우를 망연히 바라보고 있는 직녀의 모습은 애처롭기만 하다.

나는 우습게도 이 그림을 보고야 견우는 '끌 견(牽)' 자, '소 우(牛)' 자이므로 소를 끌고 가는 총각으로 그린다는 사실을 처음으로 알아차렸다. 관리원 아바이가 또다시 해설을 시작하였다. 이번에는 신파조다.

"처녀 총각이 1년에 한 번 만나니 얼마나 기쁘겠어요. 그런데 만나자 곧 이별해야 하니 얼마나 슬프겠어요. 그러니 눈물을 얼마나 많이 흘렸겠어요. 그래서 칠석이면 비가 온답니다."

그렇게 관리원 아바이의 인도에 따라, 해설에 따라 '축소된 우주', '환상의 천국'을 남김없이 둘러보고 거진 반시간 만에 지상의 세계로 나왔다. 어둠 속에서 나오니 밖은 유난히 밝았고 바람은 예쁘게 불었다. 실바람을 맞으며 이마에 맺힌 땀을 손등으로 훔치려는데 관리원 아바이가 나의 만족스런 표정을 보면서 흡족한 웃음을 보낸다. 그것은 그만이 지닐 수 있는 천진한 미소였다.

순간 나는 신라할아버지 윤경렬 선생과 서산마애불의 관리인 성원할아버지를 생각하면서, 문화유산을 지키는 이 작은 일에 일생을 바치며 큰 보람을 찾는 저 예사롭지 않은 인생들에게 새삼 존경과 감사의 뜻을 다시 한번 보냈다. 결국 신라는 윤경렬을, 백제는 성원을, 그리고 고구려는 저 김도수 아바이를 지킴이로 삼고 있는 셈이었다. 위대한 문화유산은 이처럼 그 누가 알아주는 바 없는, 그러나 위대한 관리인을 만나면서 영원히 살아 있는 것이다.

아! 고구려 문화의 위대한 영광이여!

강서들판의 젖가슴처럼

덕흥리 벽화무덤의 감동을 채 음미하기도 전에 우리는 서둘러 삼묘리(三墓里) 강서큰무덤으로 향했다. 오전중에 답사를 마무리하기 위해서였다. 그러나 이는 명곡과 명곡 사이를 쉼없이 이어붙인 멍청한 카세트 테이프 같은 것이었다. 더욱이 덕흥리에서 삼묘리까지는 불과 2㎞, 차로 10분 안쪽의 거리였다.

무학산을 등지고 강서 넓은 들판으로 향하니 잠시 후 숲속에 봉곳이 솟아오른 낮은 능선이 보였다. 묻지 않고도 강서세무덤임을 단박에 알 수 있었다. 일제시기 때 발간된 『조선고적도보』에는 들판 지평선에 표주박을 포개놓은 듯한 강서세무덤의 스산한 전경 사진이 실려 있어 늘 그것을 보고 익혀왔던 것이다. 그런데 지금 이 강서세무덤은 숲속의 공원으로 단장되어 건너편 삼묘리 마을과 함께 안온한 시골 풍경을 보여주니 그때가 가을 같다면 지금은 봄철 같은 정취가 풍긴다.

삼묘리로 다가갈수록 무덤의 무덤무지들이 또렷이 윤곽을 드러내어 나는 안내단장 용강 선생에게 잠시 차를 세워달라고 부탁했다. 그리고 김형수 차장과 함께 논으로 들어가 강서세무덤이 그리는 스카이 라인을 사진으로 찍었다.

그리고 다시 차에 오르려는 순간, 신작로를 가로질러 설치한 아치 모양의 마을 입간판이 하도 순박하게 디자인되어 있어 그것도 여러 장 사진으로 담아왔다. 쌍무지개에 붉은 태양과 물레방아 돌아가는 초가집은 여지없는 이발소 그림의 설치작품인데, 그런 촌스러운 정서를 거침없이 촌티 나게 표현하는 것이 이곳의 한 서정이라는 것을 물증으로 잡아온 것이었다. 삼묘리는 평양 구역이면서도 그런 시골 마을이었다.

강서세무덤은 경주 오릉(五陵)만큼이나 크고 잘생겼다. 작은 무덤이 둘레 120m, 높이 9m이고, 큰 무덤은 둘레 200m에 높이 14m나 되어 멀리서 볼 때는 탄력있게 부풀어 오른 대지의 젖가슴인 양 푸근함과 아늑함이 동시에 느껴진다.

강서세무덤에는 제법 큰 규모의 유적관리소가 있었다. 학생들의 답사가 그만큼 많다는 것이었는데, 우리를 맞이하는데도 장수현(張水鉉, 50세) 부소장 외에 지도원 김창환(金昌煥, 45세), 강사 최종섭(崔鍾燮, 70세) 두 분이 함께 나왔으니 그 비중을 미루어 짐작할 수 있었다.

강서큰무덤은 사신도(四神圖)가 그려진 외칸무덤으로 그림의 기법과 묘사력이 고구려 고분벽화의 최고 수준임을 누구도 부인하지 않는 희대의 명작이다. 우리는 그런 기대를 안고 무덤 안으로 들어갔다.

무덤 안은 사면을 유리벽으로 막았지만 덕흥리보다 공간에 약간 여유가 있어 권영빈 단장과 함께 둘이 들어가게 되었다. 무덤 안에는 동서 양편으로 반듯한 한 쌍의 돌받침이 무릎 높이로 놓여 있었다. 관을 올려놓던 받침돌이다. 권단장은 남자 시신 받침돌에, 나는 그의 아내 받침돌에 걸터앉아 어둠을 익히고 있었다.

강서세무덤
강서 들판에 봉긋이 솟아 있는 세 무덤의 모습은 마치 대지의 젖가슴인 양 풍만감을 느끼게 한다. 자

평양시 강서 지역 고분군 위치도

잠시 후 무덤 안 백열등에 불이 켜지니 갑자기 사면에서 청룡(靑龍) · 백호(白虎) · 주작(朱雀) · 현무(玄武)가 마치 벽을 뚫고 튀어나올 것처럼 생생하게 드러났다. 우리는 놀라움에 외마디 탄성을 지르고 말았다.

"아! 이럴 수가."
"이게 정말로 1,300년 전 그림이란 말인가."

모든 명화는 어제 그린 것 같은 법

강서큰무덤은 돌벽에 그대로 그린 벽화인데 그 선명한 빛깔과 생동하는 필치는 마치 금방 붓을 놓은 것만 같다. 세상의 모든 명화는 한결같이 어제 그린 것 같다더니, 강서큰무덤 벽화야말로 그러했다.

나는 사신도를 하나하나 면밀히 음미했다. 모두가 상상의 동물이지만 낱낱의 모티브는 사나운 짐승의 성질을 모자이크해 이빨과 발톱은 날카롭게, 눈매는 사납게, 몸매는 날렵하게, 머리는 신비롭게 그려낸 것이었다. 그래서 이는 상상의 동물이로되 사실적인 동물화라고 느껴졌다.

그 가운데서도 뛰어난 그림은 역시 현무도였다. 거북과 뱀이 뒤엉켜 있는데 뱀은 거북의 몸을 감아 싸고도 부족함이 있는지 자신의 목과 꼬리를 갈고리로 엮듯 탄력있게 당기고 있다. 이것이 서로 싸우는 것이냐, 사랑하는 것이냐에 대해서는 의견이 일치하지 않고 있다. 본래 사랑과 싸움은 그 자세가 아주 비슷해서 몸이 엉킨 것으로는 구별되지 않고 서로 벌린 입이 물려는 것이냐 입맞춤하려는 것이냐로 구별해야 하는데, 북한에서는 사랑으로 보는 견해가 지배적이다.

나는 몸을 최대한 유리에 가까이 붙여 현무의 자태를 살피다가 다시 한번 놀라지 않을 수 없었다.

"권단장, 권단장! 저걸 좀 봐요."

"뭐, 뭐 말야."

"저 뱀의 뱃가죽 비늘을 망사처럼 그렸는데 몸을 비틀면서 비늘이 꼬이는 것까지 그렸네요. 세상에!"

우리는 그렇게 감동을 공유하며 이 이름 모를 피장자의 관대 위에 앉아 무서운 줄도, 나갈 줄도 몰랐다. 고개를 들어 천장을 올려다보니 평행삼각고임이 정연하게 펼쳐진다. 어디 틈새 하나 없었고, 이 하나 어긋난 게 없었다. 그 구조의 완벽성이란 더할 것도 덜할 것도 없는 신묘한 경지였다. 건축에서 신라에 불국사 석가탑이 있다면 고구려에는 강서큰무덤이 있다고 자신있게 응답할 만했다.

실내 디자인에서 정삼각형과 정사각형이 연출하는 엄격한 직선의 공간은 자칫 딱딱한 느낌을 줄 위험이 다분히 있다. 그러나 강서큰무덤은 고임돌마다 적당한 기울기와 휨을 주어 그 차가움을 방지했고, 결정적으로는 천장과 맞닿은 네 모서리에 5각형의 구석돌을 놓아 절묘하게 해결했다. 그 능숙한 공간 처리는 정말로 달인의 솜씨였다.

게다가 천장에는 연꽃무늬 · 인동무늬 · 구름무늬 · 비천 · 봉황 · 산수(山水) · 신선 · 황룡(黃龍)을 장식문양으로 포치해 더없이 성스럽고 신비해 보였다. 신라에 석굴암이라는 조각이 있다면 고구려에는 또다시 강서큰무덤이라는 회화가 있다고 응답해도 좋을 것 같다. 고구려는 오직 강서큰무덤 하나만으로도 그 찬란했던 문화와 강성했던 국가적 기상을 증명하고 남음이 있었다.

강서큰무덤을 본 이상 이제 우리의 눈에 어떤 예술도 당분간 들어올 것 같지 않았다. 좀처럼 말이 없는 권단장이 무덤 밖으로 나오면서 한숨을 몰아쉬며 큰 소리로 외쳤다.

"방북 12일 답사의 마무리가 너무도 화려했다."

고분벽화의 정신사적 해석

우리가 나온 뒤 유영구 팀장과 김형수 차장이 촬영을 위해 북한 '새나라비데오'의 이연호씨와 함께 들어갔다. 그들 역시 촬영에 몰두하는지 아니면 현무 그림에 놀라 감상에 여념없는지 밖으로 나올 줄 몰랐다. 나는 리정남 선생에게 강서작은무덤과 강서가운데무덤을 쭉 돌아보고 싶다고 안내를 부탁했고, 그는 언제나 그랬듯이 흔쾌히 내 청을 들어주었다.

무덤무지를 옆으로 끼고 돌아 또 하나의 무덤을 돌아가면서 나는 경주 노동동(路東洞)과 노서동(路西洞)의 고분, 천마총의 고분, 서악리의 고분 그리고 공주 송산리 무령왕릉 고분공원을 답사할 때와 똑같은 역사 산책의 그윽한 향기를 느끼고 있었다. 그것은 세 나라가 문화적인 이질성을 보이는 가운데 동질성을 드러내는 징표처럼 다가왔다. 리정남 선생이 어진 목소리로 묻는다.

"교수 선생, 그동안 고생 많으셨습니다. 사실상 이것으로 답사가 끝인데 그 소감이 어떻습니까? 일정상에 부족한 건 없었나요?"

"부족하다뇨? 리선생께 감사하는 마음은 따로 전할 기회가 있을 것 같지만 정말로 고맙습니다. 특히 내 답사를 강서큰무덤에서 마무리지은 것이 꼭 고구려 문화사의 처지와 비슷해 더욱 좋습니다."

"고구려 문화사와 같은 처지라뇨?"

"리선생님, 제가 10년 전에 전남대 이태호 교수하고 같이 쓴 「고구려 벽화 고분의 발굴·연구사」라는 논문 드린 것 있죠. 그때 나는 생각은 했지만 실물을 보지 못한 상태인지라 말하지 않은 것이 있었어요. 고구려 고분벽화 300년간의 양식 변천을 정신사적으로 해석

현무도

거북이와 뱀의 사랑을 드라마틱하게 표현한 현무 그림은 고구려 고분벽화의 최고 수준을 유감없이 보여
준다. 자

청룡

사신도 가운데 동쪽 벽에 그려져 있는 청룡은 상상의 동물이지만, 사나운 짐승의 각 부분을 모아 그렸기 때문에 생동감이 넘친다. 자

강서큰무덤의 천장
강서큰무덤은 사신도 그림 못지 않게 천장의 문양이 간결하면서도 상징적으로 그려져 있다. 자

해본 거였지요.

　고구려 고분벽화는 안악3호무덤에서 강서큰무덤까지 줄기찬 상승곡선을 그려갔습니다. 처음 100년간은 초상화를 중심으로 한 그림으로 안악3호무덤과 덕흥리무덤에서 보이듯 피장자의 영혼이 안주하라는 희망에서 벽화를 그렸습니다. 그뒤 100년간은 춤무덤(舞踊塚)·수산리무덤처럼 초상화는 쇠퇴해버리고 생활도가 크게 부상했습니다. 이 점은 죽음의 공간을 사적(私的)인 것에서 공적(公的)인 것으로 바꾼 영혼관의 진일보를 말해줍니다.

　그리고 마지막 100년은 강서큰무덤으로 대표되는 사신도와 그에 부수되는 문양으로 무덤을 장식했습니다. 이는 영혼은 죽어서도 현세와 같은 삶을 영위한다는 초보적인 인식론에서 벗어나 영혼의 세계에는 영혼의 세계 나름대로의 질서가 있다고 표현한 것입니다. 그들은 그 질서를 진파리 제1호와 제4호 무덤처럼 인동꽃 흩날리는 소나무 그림, 덕화리의 별자리무늬, 산연화(散蓮花)무덤의 꽃송이, 둥근고리무늬무덤(環文塚)의 추상무늬 등으로 제각기 장식을 가했지만 결론은 사신도로 귀착했던 것입니다. 이처럼 고구려 사람들은 죽음에 관한 인식을 점점 체계적으로 논리화·추상화시켜나갔습니다.

　그런데 고구려 문화는 이런 발전의 한 정점(頂點)에서 그 문화를 끝맺었습니다. 모든 문화는 생성·발전·소멸의 과정을 겪고 모든 미술의 양식에는 매너리즘이라는 말기 현상이 따라붙는데, 고분벽화를 통해 본 고구려 문화에는 어떤 쇠퇴나 하강(下降)의 기미도 보이지 않았습니다. 한 문화가 이룩할 수 있는 최고의 정점에서 장렬하게 마감했던 것입니다. 그것이 무엇을 의미하는지 모르지만, 그렇다는 사실만은 분명합니다."

　리선생은 나의 이 긴 얘기를 하나도 빼놓지 않을 듯 공책에 받아쓰며 간혹은 눈을 감고 명상하듯 듣고 간혹은 생각을 맞춰보려는 듯 멀리 하늘을 보며 진지하게 듣고 있었다. 나는 리정남 선생에게 물어보았다.

"리선생님, 내 얘기를 뭐 새삼스레 적고 계십니까?"
"새삼스럽다뇨? 한번 볼랍니까? 교수 선생하고 열흘 동안 함께 다닌 일정의 시각과 그때그때 교수 선생이 한 얘기와 농담까지 다 적은걸요."

얼핏 들춰보는데 아주 정확하고 세밀했다.

"정말이네요. 왜 이렇게?"
"언젠가 때가 오면 나도 책을 하나 써보고 싶어서요."
"무슨 책이요? 답사기요?"
"아뇨, 유홍준 북한 답사 동행기(同行記)요."

세계미술사에서 본 강서큰무덤의 위상

북한답사를 마치고 귀국한 지 얼마 안 되어 나는 영남대학교 개교 50주년 기념 학술심포지엄에서 「세계미술사의 지평에서 바라본 한국미술사」라는 주제로 발표하게 되었다. 그때 나는 세계미술사의 무대에 당당히 내세울 수 있는 우리 유물 10점을 제시하면서 고구려 고분벽화로 이 강서큰무덤의 현무도를 꼽았다.

그랬더니 토론시간에 의미심장한 질문이 하나 들어왔다. 요지인즉 알타미라·라스코 동굴벽화는 2만 5천 년 전에 이보다 더 생생한 그림을 그렸는데 불과 1,300년 전에 그 정도 그린 것이 뭐 그리 대단하냐는 것이었다. 나는 이 그럴듯한 질문에 이렇게 대답했다.

"물론 구석기시대 동굴벽화가 고구려 벽화보다 훨씬 뛰어납니다. 그러나 인간이 동굴벽화인의 묘사력을 다시 회복하기 위해서는 르네상스가 될 때까지 기다려야 했습니다. 구석기인이라고 해서 모든 게 현대인보다 뒤떨어지지는 않았습니다. 이집트·그리스·로마도 라스코 동굴벽화를 능가하는 그림을 보여주지 못했습니다.

비교는 그렇게 하는 게 아닙니다. 고구려인이 강서큰무덤에 사신도를 그릴 때 유럽은 바르바로이(야만인)가 날뛰는 암흑시대였고, 중국은 5호16국의 전란으로 정신없었습니다. 그래서 마이클 설리번은 『중국미술사』라는 책을 쓰면서 이 시기 중국미술은 인근 나라 고구려의 고분벽화를 참조해 짐작할 수 있다고 했습니다. 그렇다면 강서큰무덤은 당시 세계 최고입니다."

그때 나는 차마 겉으로는 말하지 않았지만 속으로 한마디 더 했다.
"서투른 논리로 우리 문화유산의 고유가치를 헐뜯지 마십시오."
아! 강서큰무덤이여! 고구려의 영광이여! 위대한 문화유산이여!

룡곡서원의 둔암과 법운암의 백범

룡산만취의 룡악산

드디어 북한 답사의 마지막 날이다. 처음 평양에 왔을 때는 모든 것이 낯설고 익숙하지 않아 시장에서 갓 사온 강아지처럼 현관 앞에서 열 발자국 밖을 나가지 못했지만 이제는 아침마다 숙소 앞 잔디밭에서 뜀뛰기도 하면서 내 집처럼 지내게 되었는데 어언 돌아갈 때가 다 되었다.

오늘도 인해 동무가 담백하게 끓여준 백두산 곰취국과 풋풋한 맛의 백김치로 아침밥을 맛있게 먹었다. 사람들은 나보고 식성이 좋다고들 하는데, 정확히 말해서 나는 요리를 즐기는 것이 아니라 밥을 잘 먹는다.

그래서 내가 따지는 반찬은 주로 입맛을 돋우는 밑반찬이다. 강진 토하젓, 안동 간고등어, 간월도 어리굴젓 따위를 최상의 반찬으로 생각하는 내 입맛에 황홀하게 들어맞은 평양의 밑반찬은 장조림이었다.

평양 장조림은 조선간장으로 졸이고 졸여서 성냥개비만하게 찢어 입에 대기만 해도 진한 향과 함께 입 안에 군침이 가득 돌게 한다. 그것은 초등학교 다닐 때 어쩌다 성적이 많이 오르면 도시락 반찬으로 담가주던 어머님 손맛의 토산 장조림과 똑같은 맛이었다. 평양에는 이처럼 건드리기만 하면 생생하게 일어나는 아련한 옛 정취가 곳곳에 남아 있어 그것을 즐기는 것도 큰 기쁨이었는데, 이도 오늘로 마지막이다.

오늘은 답사 일정이 평양 교외의 룡악산(龍岳山) 법운암(法雲庵)과 룡곡서원(龍谷書院)으로 잡혀 있다. 두 군데 모두 크게 이름난 곳이 아닌지라 모두들 가벼운 마음으로 떠났다. 두 시간짜리 프랑스 요리 끝에 나오는 치즈 한 조각 같은 후식 정도로 생각하면서 답사자도 안내자도 큰 기대 없이 출발했는데, 막상 룡악산에 오르고 보니 여기야말로 여유롭게 깊은 의미를 새기면서 답사를 즐길 수 있는 뜻깊은 유적지였다. 한마디로 고급반 답사 코스라고나 할까.

룡악산은 평양 시내에서 서쪽으로 약 12km 떨어진 곳, 넓은 들판에 홀로 우뚝한 돌산이다. 그 형상이 마치 용이 서리어 있는 듯하다 하여 룡악산이라 하는데, 『신증 동국여지승람』에는 일명 농학산(弄鶴山)이라고도 한다 했으니 보기에 따라 기기묘묘한 산인 것이다. 본디 청룡산 줄기와 이어져 있었으나 순화강과 만경천의 거센 물줄기가 산을 깎아내려 따로 떨어지게 되었다고 한다.

그래서 룡악산은 불과 해발 294m이지만 제법 장해 보이며, 룡산만취(龍山晚翠)라 해서 룡악산의 푸른빛은 예부터 평양 8경의 하나로 꼽혀왔던 터이다. 룡악산 산자락 아래에는 룡곡서원, 산상에는 법운암이 이름난 유적으로 등산길의 훌륭한 휴게소 구실도 하고 있다.

회화나무 사랑스런 룡곡서원

룡곡서원은 산자락 제법 깊숙이 자리잡고 있었다. 가슴속을 파고드

법운암
영명사의 말사라지만 암자라기보다는 당당한 절집의 규모를 갖추고 있다. 주지스님 곁에 있는 분이 권영빈 단장이다.

는 서늘한 냉기(冷氣)가 골이 적지 아니 깊은 것을 알려준다. 그래서 『조선유적유물도감』 제14권에서 룡곡서원의 자리앉음새를 약간은 신파조로 설명한 것이 과장이 아니라는 생각을 갖게 되었다. 그 글은 남한의 문화재 도록이나 안내문에서는 절대 볼 수 없는 감동적인 문체로 이렇게 적혀 있다.

맑은 하늘에 푸른 메부리 치솟아 있고 산마루에는 흰 바위가 험하게 드러나 있어 마치 용이 아가리를 딱 벌리고 서려 있는 듯하다 하여 이름지어진 룡악산, 그 봉우리들이 흘러내려 골짜기를 이룬 남쪽 어귀의 아늑한 곳에 몇 채의 옛 건물들이 들어앉아 있으니 그것이 바로 룡곡서원이다.

룡곡서원은 17세기 조선 효종 때 평양의 대학자인 둔암(遯庵) 선우협(鮮于浹, 1588~1653) 선생을 모신 서원이다. 둔암 선생이 세상을 떠나자 제자들이 3년상을 지내고 난 뒤인 1656년에 건립했고, 10여년 뒤에는 임금이 사액(賜額) 현판을 내려주어 국가의 공인을 받았다. 지금 건물은 1713년에 중건된 것이라고 한다.

룡곡서원은 남쪽의 여느 서원들과 마찬가지로 기와 돌담으로 담장을 두르고 뒤쪽은 사당(祠堂) 구역, 앞쪽은 강당(講堂) 구역으로 확연히 구분되어 있다. 강당 구역은 서원 본채를 높직이 앉히고서 좌우 아래쪽으로 기숙사인 동재(東齋)와 서재(西齋)를 두고 정면에 이층 누(樓)마루를 세워 미음자 건물배치의 전형을 그대로 따랐다. 그래서 서원에는 단아하면서 긴장이 감도는 분위기가 인다.

서원에는 반드시 그 서원과 나이를 같이하는 고목이 있다. 소수서원의 소나무, 도산서원의 갯버들, 병산서원의 목백일홍, 도동서원의 은행나무, 덕천서원의 매화나무……. 여기서 또 다른 개성으로 맞설 뜻이었는지 룡곡서원에는 사랑스런 회화나무가 서원의 연륜을 지키고 있었다. 공자님 사당에도 있다는 이 회화나무는 다른 나무보다 산소의 배기량이 다섯 배나 많아 여름날 그 그늘은 더욱 청량한 기운이 감돈다고 한다. 나는 그 회화나무 굵은 뿌리에 걸터앉아 이 서원이 모시고 있는 둔암 선생의 예사롭지만 결코 예사롭지 않은 삶의 의미를 생각해 보았다. 거기에는 평범 속에 어린 비장감마저 감돈다.

관서의 공자, 둔암 선생

조선시대에 평안도는 극심한 지역차별을 받았다. 오죽했으면 1811년 평안도 농민전쟁, 일명 홍경래(洪景來)의 난 때 '평안도 푸대접'이 민심 규합의 제1조였겠는가. 그러나 평양에는 평양을 지키는 학자와 지성이 언제나 있었다.

룡곡서원
룡악산 기슭에 그윽히 자리잡고 있는 룡곡서원은 평양 유학의 전통을 지키는 학문의 전당으로서 제몫을 다해왔다. 유

　둔암 선생은 본래 평북 태천(泰川) 출생으로 10세 때 아버지를 따라 평양에 온 뒤 평생을 여기서 보냈다. 지금 전해지고 있는 『둔암전서』(전5권)에는 그의 연보가 자세히 나와 있지만 선생이 평생 한 일이라고는 공부밖에 없었다. 있다면 동으로 서로 스승을 찾아 물음을 구해 38세에는 도산서원에 가서 퇴계 선생의 장서를 열람하고 돌아오는 길에 지금의 구미시 인동(仁洞)에 들러 여헌(旅軒) 장현광(張顯光) 선생을 찾아가 학문을 질문했다는 사항이 하나 있을 뿐이다.

　둔암 선생은 일생에 한순간도 벼슬한 적이 없었다. 그는 조정에서 여러 번 벼슬을 주고 불렀지만 재야의 학자답게 거절했다. 효종이 예를 극진히 해 성균관 사업(司業)에 임명하며 불렀을 때도 역시 거절하면서 상소하기를 "지방의 인재를 등용함에 가림이 따로 있어서는 안 된다"고 진언했다.

그러자 효종은 좋은 의견이라며 받아들이겠으니 올라오라고 해 그제야 임금에게 나아가 인사를 드렸다. 그리고는 곧바로 평양으로 내려와버렸다. 이때 임금은 출입의 요소를 맡은 관원에게 그가 돌아가는 것을 아뢰지 않은 것을 심히 나무랐다고 한다.

그의 아호 둔암이 말해주듯 그는 피하듯 숨어 살면서 제자를 가르치고 진리를 탐구하는 일에만 전념했다. 그리하여 그의 문인록(門人錄)에는 장세량(張世良)을 비롯해 40명의 제자를 기록하게 되었고, 『심학지요(心學至要)』『역학도설(易學圖說)』 같은 연구서를 저술했다. 또 그의 학문은 시대와 지역을 떠나 시남(市南) 유계(俞棨, 1607~64)와 백헌(白軒) 이경석(李景奭, 1595~1671) 같은 이들이 공경하고 애중(愛重)하는 바가 되었다고 한다.

말하자면 그는 '직업으로서의 학문'에 충실했던 것이다. 그래서 세상 사람들은 둔암을 '관서의 부자(夫子)'라고 불렀고 그의 문집이 발간될 때는 당대 유림(儒林)을 대표하던 송시열(宋時烈, 1607~89)이 서(序)를 쓰고, 박세채(朴世采, 1629~1703)가 발(跋)을 지었으며, 훗날 장지연(張志淵) 선생은 『조선유교연원(淵源)』이라는 저서에서 '관서지방의 유학자들 - 선우협과 제공(諸公)'이라는 일절(一節)을 정중히 올렸던 것이다.

지방에 살아본 일이 없는 '특별시' 사람들은 한 지방에 이런 스승이 있다는 자랑과 행복을 다는 모를 거다. 세상이 평안도 사람을 아무리 푸대접했어도 둔암이 있었기에 평양의 지성과 문명됨을 내려보지 못했던 것이다.

만약 둔암이 왕명을 받아 출세길에 들어섰다면 육조(六曹)의 판서

(判書)와 양관(兩館)의 대제학(大提學)을 지내면서 몇 명의 제자를 서울로 끌어올릴 수는 있었을지 모르지만, 평양 사람들은 평양에 스승이 있음을 말할 수 없었을 것이고 룡악산에는 룡곡서원이 세워지지 않았을 것이다. '직업으로서의 학문'의 위대함이란 이런 것이다. 그러나 세상을 활개칠 수 있는 욕망을 자제하고 깊은 산 개울가 작은 집에서 어린 제자들과 일생을 보낸다는 것은 낭만적 도피로서 가능한 것이 아니라 거의 영웅적인 인내심으로만 이루어낼 수 있는 일이다.

남으로 창을 내고서

룡곡서원은 김택룡(金宅龍, 62세)이라는 관리소장이 지키고 있었다. 소장 아바이는 나를 서원 구석구석으로 안내해 뒤란의 묘비(廟碑)도 일러주고 사당의 문도 열어주었다. 서원 대청부터 동재·서재의 학생 방이고 빈집을 둘러보는데, 원장 선생 방에는 작은 창으로 들어오는 햇살이 유난히 고와 보였다. 순간 나는 답사를 준비하면서 『둔암전서』를 훑어보다가 읽은, 참으로 소박한 글 「개남창기(開南窓記, 남으로 창을 내고서)」가 생각났다. 아! 저것이었던가.

대동강 서쪽 산자락은 어진 선비의 고향만은 아니다. 글공부하는 사람들이 그저 모여 사는 곳이기도 한데, 나 역시 거기에 산다. 담장이라고 해야 어깨 높이이고, 방이라고 해야 겨우 한 말들이 크기이다. 내 방에는 처음에 동쪽과 서쪽으로만 창이 있었다. 그래서 아침 햇살 저녁 노을 외에는 밝은 때가 없었다. 나는 그것이 항상 마음에 안쓰러웠다. 정묘년 겨울, 시월 보름이 지나고 3일째 된 날 나는 드디어 남쪽 벽 가운데에 항아리만한 구멍을 뚫었다. 그랬더니 햇살이 방 안에 스며드는데 마치 구름 안개를 걷어 젖히고 천지를 바라보는 것만 같았다……

룡곡서원의 회화나무
룡곡서원 주변에는 시원스럽게 가지를 뻗은 회화나무가 이 집의 연륜을 증언하고 있다. 자

옛사람들이 '소창다명 사아구좌(小窓多明 使我久坐)' 여덟 글자, 풀이하자면 '작은 창으로 밝은 빛이 많이 들어오니 나로 하여금 오랫동안 앉아 있게 한다' 라는 글을 사랑했던 이유를 알 만했다. 룡악산 룡곡서원에는 이처럼 처절하리 만큼 조용한 위대함이 지는 가을 햇살에 빛나고 있었다.

산신 · 칠성 · 독성을 모두 모신 절집

이제 우리는 답사의 마지막 코스인 법운암으로 향하게 되었다. 그러나 모두들 지친 몸인지라 돌계단에 줄난간으로 이어진 산책길을 버리고 우리는 찻길을 이용해 산 중턱까지 올라 법운암에 들렀다. 법운암은 제법 큰 암자였다.

정면 5칸, 측면 3칸의 단층팔작집 본채말고도 산신각(山神閣) · 칠성각(七星閣) · 독성각(獨聖閣) 세 채가 바위 틈새를 비집고 자리잡고 있다. 이렇게 산신과 칠성님과 나반존자(독성)를 모두 모신 절집은 아주 드물다. 이는 룡악산에는 민간신앙으로서 불교가 강하게 작용했다는 증거이다.

규모를 보자면 당당히 사(寺)라고도 할 만하지만, 예부터 대동강변 부벽루에 있던 영명사의 부속 암자였기 때문에 사뭇 암자라고 불려왔다. 본채 건물은 구조가 견실하고 매우 특색있게 지었다. 뒷면은 홑처마에 공포를 단순히 처리했지만 앞면은 겹처마에 2익공(翼工)의 두공과 화반(花盤)을 정교하게 조각했다. 이것은 정면에 넓고 긴 툇마루를 경영하자는 뜻과 룡산만취의 화려한 산세와 어울리게 하기 위한 건축적인 사고의 소산이었다.

정전 앞마당을 반듯하게 고르기 위해 석축을 쌓은 공력을 보면 마치 성채를 이루듯했으니 암자의 위세가 얼마나 컸던가를 짐작할 수 있었다. 그리고 석축 아래위로는 해묵은 느티나무가 위풍 있게 버티고 있어 이 절집의 연륜을 묵언으로 말해주는데, 내가 갔을 때는 막 물들기 시작한 노오란 단풍이 명징스러울 만큼 맑게 빛나고 있었다.

뒤란에 있는 샘물에는 여기가 '위대한 수령'에 대한 '성지 순례처'라도 되는 듯한 표시가 있었다. 김일성 주석이 창광학교 시절에 여기에 와서 놀며 물을 마셨다는 것이다. 처음에는 이런 글귀와 얘기를 읽게 되면 눈여겨보았건만 돌아간 때가 된 지금에 와서는 이런 풍광을 하도 많이 보아서였는지 어떤 감각도 느낌도 따르는 것이 따로 없었다.

암자를 두루 둘러보고 나서 법운암 툇마루에 걸터앉으니 작은 석탑과 느티나무 사이로 멀리 평양 시내가 아련히 들어온다. 역시 암자의 자리매김은 좋은 전망을 바라보고 이루어짐을 여기서도 알 수 있다. 그 좋은 전망을 즐기려고 석탑 앞으로 다가서자 주지라고 소개받은 스님 아닌 관리인 안황계(安黃繼, 54세)씨가 푸른 산자락 사이로 비집고 드러나 있는 고층아파트들을 가리키며 1989년 세계청년학생평화축전 때 건설한 창광거리의 살림집동이라고 일러준다.

법운암에 온 백범 선생

주지는 법운암이 평양의 명소임을 누누이 강조하고는 평양에 온 방문객은 거의 다 여기를 다녀갔다고 자랑했다. 그런 다음 시아누크를 비롯한 외국인들 이름을 죽 꼽더니 나중에는 문익환·황석영·임수경, 그리고 이제 교수 선생이 왔다고 했다. 나는 화제를 돌리려고 그 옛날에는 누가 다녀갔느냐고 묻자 놀랍게도 거침없이 백범(白凡) 김구(金九) 선생이라는 것이다.

나는 옛날에 읽은 『백범일지』를 기억으로 더듬었다. 열혈청년 김창수가 명성황후의 원수를 갚겠다고 왜인을 때려 죽인 일, 붙잡혀 사형선고를 받았다가 고종 황제의 특사로 죽음을 면하고 잡범들과 탈옥했던 일, 그뒤 삼남을 방랑하다가 공주 마곡사에서 머리 깎고 원종(圓宗)이라는 법명으로 스님 노릇을 했던 일, 평양에 와서는 한 암자의 주지가 되어 부모님을 모시고 몇 개월 동안 지내다가 이내 환속했던 일 등 백범의 파란만장한 젊은 시절 얘기가 기억났다.

여기가 바로 거기였단 말인가!

주지에게 다시 물으니 틀림없다고 했다. 전에 만경대 김일성 생가에서 백범 선생이 김일성 주석의 아버지를 만난 적이 있다는 안내원의 설명과도 연결되는 것이었다. 백범 선생은 이처럼 분단 50년의 상처 속에서 남북이 모두 존경하는 유일한 정신적 지도자라는 것을 여기서 확인하게 됨이 너무도 기뻤다.

그러나 나는 늘 준비성이 모자라고 뒤통맞은 나 자신이 원망스러웠다. 평양에 가면서 백범 은신시절의 평양은 생각조차 하지 못했단 말인가! 다행히도 평양을 떠나기 전에 당신의 그 높은 도덕과 숭고한 뜻을 기릴 수 있음을 누구에게 감사해야 할 것인가!

나는 내 인생에 일찍이 큰 감명을 주었던 책 『백범일지』의 맨 마지막 결론 부분에 나오는 「내가 원하는 나라」 첫 구절을 진작부터 토씨 하나 틀리지 않고 욀 줄 안다. 나는 느티나무 큰 줄기에 기대서서 평양을 바라보며 속으로, 그러나 우렁차게 읊었다.

나는 우리나라가 세계에서 가장 아름다운 나라가 되기를 원한다. 가장 부강한(富強)한 나라가 되기를 원하는 것은 아니다. …… 우리의 부력(富力)은 우리의 생활을 풍족히 할 만하고 우리의 강력(強力)은 남의 침략을 막을 만하면 족하다. 오직 한없이 가지고 싶은 것은 높은 문화의 힘이다. 문화의 힘은 우리 자신을 행복하게 하고 나아가서 남에게 행복을 주겠기 때문이다.

서산대사의 절구 한 수

평양으로 가기 위해 베이징에 머무르면서 뭔가 의지하고 싶어 고은 선생께 전화했을 때 주고받은 얘기가 생각난다.

"자네의 북녘행은 백범이 38선을 베고 쓰러질지언정 다녀온다고 갔던 그 다음의 발걸음임을 잘 명심하게나. 문익환·황석영·임수경·서경원 등의 북녘행과 자네와는 달라. 그들은 양쪽에서 높이 쌓아올린 담장을 뛰어넘어 갔다온 거야. 그것이 지닌 민족사적인 의미는 물론 따로 있지. 그러나 자네의 경우는 지금 양쪽이 빗장을 열고 다녀오라고 한 것이지."

"선생님, 그런 엄청난 부담을 안고 간다는 것이 두렵네요."

"그럴 테지. 그러나 자네는 잘할 수 있을걸세. 서울서 하듯 꾸밈없이 행동하면 될 거야. 그러나 경(輕)해서는 안 되지. 홍준이 자네, 백범이 즐겨 족자로 쓴 서산대사의 시구 아는 거 있지. 그걸 이번 답사의 좌우명으로 삼게. 어디 한번 외워봐."

"눈 내린 들판길 가운데를 갈 때
모름지기 어지럽게 가지 말 일이다.
오늘 내가 간 자취를 따라
뒷사람들의 발길이 이어지느니.
踏雪野中去 不須胡亂行
今日我行跡 遂作後人程."

"됐네, 됐어. 자네가 잘 다녀오면 자네 발자국 따라 밟고 나도 가고 또 누구도 가고 모두 가게 될걸세. 어이, 그만 편하게 자라구. 잘 다녀오라구."

나의 열하루에 걸친 첫 북한 문화유산 답사는 법운암 툇마루에서 그런 회상 속에 마무리되었다. 그리고 나는 그런 마음으로 돌아가 글을 써야 한다고 생각하며 룡악산을 내려왔고 평양을 떠났다.

후기: 서울로 돌아온 다음 『백범일지』를 꺼내 확인해보았더니 앞뒤가 다 맞는데, 백범이 머물렀던 곳만은 룡악산 바로 옆 천보산 영천사(靈泉寺)라고 했다. 무슨 착오가 있었는가 보다.

책의 독자를 위해 다시 글을 쓰고서

나의 북한 문화유산 답사기는 1998년 1월 12일자 『중앙일보』에 첫 회를 실으면서 연재되기 시작했다. 처음에는 주 2회 게재하다가 나중에는 수요 연재로 자리잡아 7월 15일까지 모두 28회로 마감하였다. 참으로 긴 연재였다. 그만큼 50년간 닫혀 있던 세계에 관해서는 할말도, 궁금한 것도 많았던 것이다.

연재가 끝나갈 무렵 중앙M&B는 이 글을 묶어 단행본으로 출간할 계획을 갖고 나에게 상의해왔다. 그러나 나는 신문 연재물을 그대로 책으로 엮을 수 없고, 사실상 새로 집필해야 한다는 뜻을 분명히 했다.

신문처럼 글쓰기 까다로운 지면은 없다. 그것은 신문 독자처럼 불성실한 독자가 없기 때문이다. 신문 독자란 내 글을 읽기 위해 신문을 보는 것이 아니라 신문을 읽다가 거기에 실려 있으니까 보게 되는 독자이다. 그래서 그들은 독서 태도가 불안정하고 훌쩍 건너뛰며 읽곤 한다.

하지만 책의 독자란 처음부터 내 글을 읽기 위해 책을 사서 펴든 진지한 독자이다. 따라서 신문에서는 지루하다고 할까봐 말하지 못한 사항을 책에서는 진지한 지식의 전달로 얼마든지 풀어갈 수 있다. 또 저자와 독자의 신뢰 속에 문학적인 농담과 재담이 허용되기도 한다. 그렇다면 나는 당연히 새로 써야 하는 것이다. 그리하여 나는 신문에 쓴 글을 '답사기체'로 개고해나갔다. 이 작업은 내 체질에 잘 맞는 듯 시작부터 편하고 즐거웠다.

그런데 불행히도 나는 갑자기 병을 얻어 병원 신세를 져야 했다. 너무 무리해서 병이 생겼다는 것이다. 그래서 한동안 푹 쉬어 몸이 많이 회복되었다. 그러나 다 나을 무렵에는 나의 2차 방북이 있었고, 돌아와서는 다시 병과 싸우며 새 신문 원고에 시달려야 했다. 7월에 마친다는 원고의 반의 반도 손대지 못하고 8월도 다 보내게 되었다. 의사는 쉬는 게 약이라고 일을 못하게 했다.

그러나 나는 기어이 의사의 말을 어기고 9월 한 달 동안 여기 매달려 일을 끝내고 말았다. 그러지 않고는 다른 병이 또 생길 것만 같았다. 그런데 일을 마치고 나서 병원에 찾아갔더니 의사는 내 건강이 많이 좋아졌다며 나보다 더 좋아했다. 참으로 별일이었다. 아마 즐거운 일은 몸에도 좋은가 보다. 이것이 이 책이 늦게 나온 변명이다.

책의 이름은 창작과비평사에서 나온 『나의 문화유산답사기』와의 동질성과 차별성을 동시에 충족시키기 위해 『나의 북한문화유산답사기』로 하고 다음 책을 위해 상권으로 표기했다. 부제는 '평양의 날은 개었습니다'가 상징성도 있고 해서 가장 맘에 들었다.

사진은 함께 갔던 김형수 차장의 사진을 중심으로 편집되어 더할 나위 없이 훌륭한 화보를 제공할 수 있게 되었다. 그런 의미에서 이 책은 나의 글과 김형수 차장의 사진으로 엮은 공저라 할 수 있다. 다만 촬영이 불가능했던 곳은 북한측 자료사진을 이용했고, 간혹 내가 글의 분위기를 염두에 두고 찍어둔 사진도 일부 곁들였다. 표지 그림은 내 벗이기도 한 임옥상 화백이 아름다운 대동강을 정겹고 유장하게 그려주어 북녘땅을 향한 그리움을 더욱 절절히 보여줄 수 있게 했다.

이제 모든 일이 뜻과 같이 되어 한 권의 책이 나오게 되니 이 일이 이루어지기까지 도움을 준 분들이 생각난다. 방북기간 내내 함께 생활했던 중앙일보사 통일문화연구소의 권영빈 소장, 유영구 연구팀장, 김형수 차장, 그리고 북한측 안내단의 안창복·조명남·라운석·리정남 선생의 얼굴이 선연히 떠오른다. 이 책은 이분들과 함께 쓴 것으로 내가 대표집필했을 뿐이라고 생각하고 있다. 진심으로 감사드린다.

중앙M&B는 내가 한때 몸담았던 회사이다. 그래서 친정식구들의 각별한 배려가 있었던 것 같아 더욱 송구스럽다. 유승삼 대표, 이헌상 부장, 박덕건 차장께 심심한 사의를 표한다. 그리고 누구보다도 나의 방북을 성사시켜준 홍석현 사장께 정중한 자세로 재삼 감사의 인사를 드린다.

그런데 내 글 중에 나오는 등장인물들, 그분들께는 어떻게 고마움을 표해야 할지 방법도 모르겠다. 세월이 흘러 그분들이 내 책을 읽게 되었을 때 나를 미워할지 고마워할지조차 생각하지 않았으니, 그 결례가 오죽할까 싶다. 너그러운 이해를 기대할 따름이다.

나는 또한 신문에 연재되는 동안 나에게 성원을 보내준 독자 여러분께 이 자리를 빌려 감사드린다. 그럴 때는 신문 독자도 반갑고 고맙고 힘이 되었다. 하지만 나의 즐거운 벗은 역시 책의 독자들이다. 나는 어서 그분들께 이 책을 보여드리고 싶다.

1998. 10. 15.

유홍준